Francis Aupiais sma

LETTRES
À PAUL HAZOUMÊ

Textes du père Aupiais sma présentés et annotés par

Pierre Saulnier sma

Collection SMA-Sankofa – Vol. 12

2018 – Rome

Auteur : Francis Aupiais

ISBN-13: 978- 1718752122

ISBN-10: 1718752121

Pour toute commande : s'adresser à Amazon.

SMA Publications
Via della Nocetta, 111, 00164 Rome (Italie)
sma.mediacenter@gmail.com

Le Cardinal Bernardin GANTIN
(1922 – 2008)

A l'occasion du dixième anniversaire de la mort du Cardinal Gantin, la SMA publie une série de 7 volumes sur le père Francis Aupiais : sa biographie et ses écrits. Missionnaire au Dahomey (Bénin), il a œuvré avec compétence et passion pour montrer au monde la beauté, la grandeur et la dignité de l'Afrique dont le Cardinal Gantin, membre honoraire de la SMA, est l'un des fils les plus éminents.

DATES IMPORTANTES DE LA VIE
DU PERE FRANCIS AUPIAIS

11.08.1877 : naissance à Saint-Père-en-Retz (L.I. - France)

29.06.1902 : ordination à la prêtrise aux Missions Africaines

Oct. 1903 : envoi en mission au Dahomey (Abomey, Porto-Novo)

1915-1919 : mobilisation à Dakar (Sénégal)

Nov. 1926 : retour en congé

Mai 1928 : nomination comme provincial de Lyon

Sept. 1931 : supérieur du séminaire de Baudonne

Juill. 1937 : élection comme provincial de Lyon

14.12.1945 : décès à Paris

Francis **AUPIAIS** (1877 – 1945)

BIOGRAPHIES DE FRANCIS AUPIAIS

Par ordre chronologique

Georges HARDY, *Un apôtre d'aujourd'hui : Le révérend père Aupiais, Provincial des Missions Africaines de Lyon*, Larose, Paris, 1949.

Martine BALARD, *Dahomey 1930 : Mission Catholique et culte vodun. L'œuvre de Francis Aupiais (1877-1945), missionnaire et ethnographe*, Presses Universitaires de Perpignan, 1998. 2e édition : Paris, L'Harmattan, 1999.

Joseph LEJEUNE, *Francis Aupiais, ethnologue*, Oujda (Maroc), 2003.

Dominique AUPIAIS, *Le révérend père Francis Aupiais (1877-1945). Un historien breton pour une reconnaissance africaine*, Ed. JFR Grand Océan, La Réunion, 2006.

Pierre SAULNIER, *La Reconnaissance Africaine. Francis Aupiais (1926-1931) Hier et Aujourd'hui*, SMA Publications, 2018.

Collection SMA-Sankofa

Pour le catalogue détaillé visitez : smainternational.info

Équipe chargée de SMA Sankofa

Andrea Mandonico, sma, Michel Bonemaison, sma, Roberta Grossi, S. I. Francis Rozario, sma

Collaborateurs de cette édition : Dante Bragagnolo, Marie Guerin et Marie-Jo Hervouet.

INFORMATIONS PRATIQUES

Les documents que nous présentons sont consultables aux Archives de la Société des Missions Africaines à Rome. (AMA)

Dans les citations, nous avons gardé l'orthographe de l'auteur pour les noms tirés des langues africaines ; cette orthographe varie parfois suivant les personnes et les documents.

En général, nous avons gardé la présentation originale de ces textes, surtout les titres et sous-titres de l'auteur ou de l'éditeur. Cependant pour agrémenter nous nous sommes permis de mettre en italique les paroles éventuelles des protagonistes cités par l'auteur.

Pour accéder à davantage d'informations, en particulier sur les membres décédés des Missions Africaines, vous tapez sur Internet le nom et le prénom de la personne recherchée et à la suite Missions Africaines ; vous cliquez, choisissez un site qui indique *nécrologe général*, et vous obtenez au moins un résumé de sa vie.

AVANT-PROPOS

Ce document comprend deux parties ; la première donne une série de lettres envoyées par le père Francis Aupiais à Paul Hazoumê entre 1925 et 1936 ; il n'est pas certain que ce corpus soit complet : nous n'avons rien en effet d'août 1928 à Mars 1930 (soit une vingtaine de mois), période qui concerne le voyage d'Aupiais au Dahomey pour le tournage de ses films ; il paraît étonnant qu'aucune correspondance n'ait été échangée alors que, pour la préparation de ce voyage et surtout du séjour, Aupiais a besoin de Paul Hazoumê ; de même nous n'avons rien de Juin 1930 à Février 1931 (soit huit mois), et après 1936.

La seconde partie comporte des commentaires sur ces deux personnes. Les notes de la première partie et les commentaires sont de nous-mêmes.

Mais quelles sont ces deux personnes ? Francis Aupiais est né à Saint Père en Retz (Loire-Inférieure) en 1877, où son père était maçon. Ordonné prêtre aux Missions Africaines de Lyon en 1902, il arrive au Dahomey (actuel Bénin) en 1903 : à Abomey d'abord, puis en 1904 à Porto-Novo. Il va y rester jusqu'en 1926, sauf pendant la guerre : il est alors mobilisé à Dakar de 1915 à 1918. En 1925, quand il envoie la première de ces lettres à Paul Hazoumê, il y réside donc déjà depuis une vingtaine d'années. Paul Hazoumê, lui, est né en 1890 à Porto-Novo. Son nom, qui signifie 'dans (*mê*) la forêt (*zu/zun*) du cynocéphale (*ha*)', indique qu'il est issu d'une famille de lari1 des rois de cette ville. Il passe son enfance comme interne à la mission catholique de Porto-Novo, ce qui lui permet de suivre une scolarité primaire dans de très

---

[1] Lari : représentant du roi. À son intronisation, la personne qui devient Lari se voit imposer un nouveau nom, faisant allusion à la personne du roi, et non à l'intéressé qui le porte.

bonnes conditions. Le père Aupiais qui y arrive en 1905 le prend sous son aile et en fait son 'fils spirituel'. Puis Paul intègre l'École Normale de St Louis du Sénégal et revient comme instituteur au Dahomey. Aupiais l'encourage à écrire sur sa culture, et à publier entre autres travaux, Le Pacte du Sang en 1937, et Doguicimi en 1938. Plus tard, Paul Hazoumê entre en politique, et est élu Conseiller de l'Union Française. Il décède en 1980 à Cotonou.

Ces lettres s'inscrivent dans l'histoire missionnaire du père Aupiais ; en 1925, il lance à Porto-Novo, un bulletin appelé 'La Reconnaissance Africaine' ; il veut d'abord y donner des nouvelles de la construction de la nouvelle église de sa mission, édifiée en reconnaissance de la civilisation apportée par les Français ; il veut aussi permettre à des Dahoméens de présenter leur histoire et leurs coutumes. Pour cela, Aupiais qui réside à Porto-Novo a besoin d'une personne de confiance à Cotonou pour en suivre la parution ; son choix se porte sur Paul Hazoumê, qu'il connait depuis 1904. Les premières lettres sont donc des lettres d'affaire qui traitent des problèmes d'abord matériels ; mais au cours des ans cette correspondance va se diversifier ; surtout après la cessation de la parution de La Reconnaissance Africaine, elles abordent même des problèmes familiaux et personnels, tant du côté de Paul Hazoumê que de celui d'Aupiais. Elles reflètent l'histoire de ces deux personnes de 1925 à 1936. Elles sont donc intéressantes pour la connaissance de leurs centres d'intérêt, de leurs aspirations et idéaux, des liens qui les unissent … Cette correspondance va compter 80 lettres conservées par la famille Hazoumê. Ce sont des documents d'archives qui nous permettent aujourd'hui de connaître et de comprendre ces deux personnes, dans leur environnement culturel, social, religieux, qui nous donnent aussi un aperçu de l'histoire politique et religieuse du Dahomey d'alors.

Ces lettres et leurs commentaires ont déjà fait l'objet de deux tirages, au format 21/29, 7, ronéotés en novembre 2011 et février 2012 aux Missions Africaines à Rezé ; cette présente édition les reprend avec quelques corrections et mises à jour.

Pierre Saulnier, Menton, février 2018

2

1° Partie : TEXTE DES LETTRES

Au printemps 2011, de passage à Rome, les responsables des Archives de la Société des Missions Africaines à la Maison Générale m'ont demandé la saisie sur ordinateur des lettres du Père Aupiais à Paul Hazoumê ; elles se présentaient sous la forme de photocopies de textes écrits à la main. La Maison Générale les avait reçues en Janvier 1997, du Musée ALBERT KAHN (Boulogne-Billancourt/France), don de Mme Martine Balard qui avait soutenu à l'Université de Perpignan une thèse d'histoire sur ce missionnaire[2]. Pourquoi des photocopies, peut-on s'interroger ? Sans doute, la famille Hazoumê a-t-elle voulu garder les originaux ! Nous devons ainsi faire confiance à Mme Martine Balard et la remercier. D'autres chercheurs sont intéressés par la correspondance venant de Paul ; il est certain que le père Aupiais recevait un important courrier : dans ses lettres, il se réfère d'ailleurs souvent celles qu'il reçoit de Paul ; mais nous n'avons rien trouvé, venant soit de Paul, soit d'autres correspondants.

Certaines de ces lettres ont été rapidement écrites, et ne sont pas toujours facilement déchiffrables. Les photocopies elles-mêmes sont parfois de mauvaise qualité. Des passages sont douteux, illisibles ou effacés, ils sont indiqués entre parenthèses et en italiques, parfois avec un point d'interrogation. Les premières lettres ne comportent pas toujours la mention de l'année : nous l'avons restituée à partir

---

[2] Martine Balard. Dahomey 1930 : *Mission catholique et culte vodoun. L'œuvre de Francis Aupiais (1877-1945)*, Perpignan (1996), Paris, l'Harmattan (1999).

de leur contenu, ordinairement le n° de *La Reconnaissance Africaine.*

Ces lettres ne sont pas des œuvres littéraires, savamment construites, comme une conférence ou même un article de presse ; nous sommes plus près de l'échange verbal que de la littérature écrite : les sujets y sont souvent multiples et divers, abordés sans lien logique entre eux ; la seule logique étant pour Francis Aupiais de s'adresser à une personne bien précise, Paul Hazoumê ; tous les deux partagent une même passion. Naturellement nous avons gardé le style du père qui écrit souvent *"à la hâte"*. La présentation n'est pas son souci premier. Un sujet est alors souvent traité sur deux paragraphes que nous avons réunis. Il met sans raison apparente une majuscule à des noms communs, nous avons alors remis la minuscule. La fin des énoncés se termine facilement par un trait de plume qui ne distingue pas entre le point, le point-virgule, la virgule : nous avons opté pour ce qui nous semblait le mieux dans la logique de l'exposé. Des mots sont soulignés, nous en avons tenu compte. Chaque fois que nous avions les informations nécessaires, nous avons ajouté des notes sur les personnes, les lieux, les ouvrages … dont le père parle.

Ce courrier va de juillet 1925 à Avril 1936, sur trois périodes importantes de la vie d'Aupiais : le lancement du bulletin '*La Reconnaissance Africaine*' à Porto-Novo, ensuite son retour en congé en France à la fin de l'année 1926 avec des expositions, des conférences … sa nomination comme provincial de la province sma de Lyon en 1927-1928, enfin en septembre 1931 son exil à Baudonne[3]. Nous n'avons plus de lettres après son élection comme provincial en 1937. C'est nous-mêmes qui avons divisé l'ensemble de ce courrier en trois parties qui correspondent à ces trois périodes distinctes de la vie de père,

---

[3] Baudonne, localité près de Bayonne, mais dans le département des Landes, où les Missions Africaines ont un petit séminaire.

et qui les avons nous-mêmes numérotées de 1 à 80 pour en faciliter la consultation.

1. Lettres de Porto-Novo (1925-1926)

(34 lettres répertoriées et numérotées de 1 à 34)

La première de ces lettres est écrite au moment où se prépare la parution le 15 Août 1925 du numéro 1 de *La Reconnaissance Africaine*. Ce premier numéro est imprimé à Lomé, le second, daté du 15 Septembre 1925, l'est à Cotonou à l'Imprimerie Wenceslas de Souza. Aupiais, qui réside à la Mission de Porto-Novo, a donc besoin d'un correspondant de confiance à Cotonou. Son choix se porte sur Paul Hazoumê, un de ses anciens élèves, qui va assurer la liaison avec l'imprimeur. Ce sont donc d'abord des lettres d'administration et de gestion du bulletin : problèmes de recherche d'articles, de leur réception après correction, problèmes techniques d'imprimerie, d'abonnement, d'envoi des bulletins … On y apprend aussi que Paul Hazoumê parmi d'autres, y signe des articles de recherche historique ou ethnographique sur le Dahomey. Plus personnel, il y fait allusion à la vie de sa famille.

2. Lettres de congé et de provincialat (Nov. 26-Fév. 31)

(21 lettres répertoriées et numérotées de 35 à 55)

Aupiais rentre en congé à la fin de 1926, dans le but est de rechercher des fonds pour la construction de la nouvelle église de Porto-Novo, dont la première pierre a été bénie et posée le 1ᵉʳ Nov. 1925. Mais dans ces lettres, il insiste avant tout sur la *réhabilitation de la Race Noire.* Pour cela il rapporte des œuvres d'art dahoméen pour une exposition itinérante. Les lettres font alors état de ses tournées de conférences, d'expositions, … à travers la France, la Belgique, la Suisse … En même temps, et dans le même sens il exhorte fortement Paul Hazoumê à travailler le texte de son ouvrage *Le Pacte du Sang* pour le faire publier à l'Institut d'Ethnologie[4] où il a ses entrées.

3. Lettres d' « *exil* » à Baudonne (1932-36)

(25 lettres répertoriées et numérotées de 56 à 80)

En juillet 1931, Aupiais n'est pos reconduit dans ses fonctions de provincial et se retrouve en *exil* à Baudonne. Ses lettres de cette époque portent sur les corrections du texte du *Pacte du Sang* pour sa publication à l'Institut d'Ethnologie, Aupiais y est parfois obligé de secouer Paul Hazoumê. Elles abordent aussi d'autres sujets plus personnels : la situation d'Aupiais à Baudonne, celle matrimoniale de Paul Hazoumê, la présence de deux filles de Paul en pension dans un collège à Amiens … Aupiais assure un lien entre elles et leur père, et avec la direction de leur établissement scolaire ; il y parle aussi de ses rencontres, en particulier avec d'autres africains à qui il rend service.

Le dossier du Musée Kahn contenait en plus deux autres sortes de documents :

a. Trois textes concernant directement le père Aupiais et Paul Hazoumê :

- Une circulaire datée du 29.06.1925 et signée du Père Aupiais, relayant le souhait de Mgr Steinmetz[5] de lancer un BULLETIN RELIGIEUX qui va devenir La Reconnaissance Africaine.

---

[4] Institut d'Ethnologie : fondé en 1925 par Marcel Mauss dans le cadre de l'Université de Paris.

[5] Monseigneur François Steinmetz, né en 1884 à Strasbourg, ordonné prêtre des Missions Africaines en 1890, ordonné en 1906 vicaire apostolique du Dahomey en résidence à Ouidah ; il démissionne en 1934 et décède à Ouidah en 1952.

- Une lettre de la Secrétairerie d'État du Vatican, en date du 26 Avril 1928, signée du Cardinal Gasparri[6], remerciant le Père Aupiais pour le recueil de *La Reconnaissance Africaine* remis au Souverain Pontife au cours d'une récente audience.

- Une circulaire de Paul Hazoumê, datée de 1929, appelant les « originaires du Dahomey … et devenus citoyens français » à se constituer en association.

Nous ferons état de ces documents en seconde partie dans les Commentaires.

b. Diverses autres lettres :

- Une du gouverneur de Porto-Novo adressée à Paul Hazoumê en date du 26.06.1926.

- Une adressée à P. Hazoumê, de Godonou Dossou Akplogan en date du 02.08.1933, avec une lettre de Mr Bourjac en date du 30.07.1933, concernant une dette de Godonou Dossou.

- Une de Dossou… à Paul Hazoumê en date 03.08.1933.

- Une de Mr Apithy[7], alors étudiant à Bordeaux, faisant part de ses soucis financiers à Paul Hazoumê, en date du 9 Janvier 1935.

- Une du 30.03.1937, envoyée de Savalou, adressée à Paul Hazoumê ; la signature est illisible, le correspondant l'appelle « mon … oncle » (lettre en double).

---

[6] Cardinal Pietro Gasparri, italien (1852-1929).

[7] Marcellin Sourou Migan Apithy, né à Porto-Novo en 1913, décédé à Paris en 1989. Homme politique, il est élu député du Dahomey-Togo à l'Assemblée Constituante française en 1945 au second collège, celui des Africains ; le père Aupiais y est élu au premier collège, celui des Européens. Il sera président de la république du Dahomey de 1964 à 1965.

- Un brouillon d'une lettre devant être adressée au Gouverneur, lui demandant d'accorder aux fonctionnaires dahoméens les mêmes indemnités qu'aux expatriés. Il semble bien que ce brouillon ait été corrigé de la main du père Aupiais.

1. Lettres de Porto-Novo
(Juillet 1925 – Octobre 1926)

Lettre 1

Porto-Novo, le 27 Juillet 1925

Mon cher Paul

Je suis allé à Topo[8] hier, et tu recevras aujourd'hui un message de Gbenou. S'il le fait, je retournerai à Topo, le jour de ton arrivée pour parachever la réconciliation que j'ai commencée. J'ai demandé à Gbenou : si un homme hésite entre son père et sa femme, de quel côté doit-il pencher ? Il m'a répondu : du côté de son père. La cause est donc entendue et il a prononcé sa propre condamnation.

Quand tu seras ici, je te raconterai notre long entretien d'hier entre ta bonne Maman, Gbenou et moi.

Crois bien, Mon cher Paul, à mes sentiments les plus dévoués en N.S.

F. Aupiais

P.S. Félicien d'Oliviera[9] m'a remis hier un <u>excellent</u> article.

---

[8] Topo (ou Tocpo, Tokpo), village de langue gun, sur le cordon lagunaire entre Badagry et Lagos (Nigéria). Une ferme-école y fut ouverte par la Mission en 1876.

[9] Dans ces lettres nous trouvons beaucoup de noms portugais ; ils sont portés par des descendants d'africains rapatriés du Brésil où ils étaient esclaves.

Lettre 2

Porto-Novo, le 4 Août 1925

Mon cher Paul

Je viens de te télégraphier pour te dire que les articles sont à la Mission depuis lundi. Je les ai confiés à la Mère Mathias qui a pris le G.B Ollivant[10] hier matin.

Je crois que je me suis trompé pour l'ordonnance de la première page : il faudra se contenter d'y mettre : 1° le Titre (avec le prix et l'abonnement) ; 2° le Sommaire avec les noms des signataires ; 3° À Dieu vat.

La pensée de mon Concours n'est peut-être pas très heureuse, nous verrons.

J'ai une autre rubrique à introduire : Les Chercheurs Réunis … ou l'Intermédiaire des Chercheurs, où l'on insérera les réponses et les questions, objets ou résultats des discussions.

Il faudra une disposition spéciale pour 2 nouvelles : Bénédiction Papale – Élection d'un Supérieur Général.

Je voudrais aller à Cotonou cette semaine ou du moins dès lundi.

Je me suis permis de revoir ton récit qui est très bien. Mais je regrette beaucoup de l'avoir retouché, parce que je crains d'avoir atténué certaines expressions jusqu'à leur faire perdre toute leur saveur. Nous reverrons cela ensemble et nous nous mettrons bien facilement d'accord.

---

[10] G.B. Ollivant ou plus simplement G.B. : il s'agit de bateaux ou chalands qui font la navette entre Porto-Novo et Cotonou. À l'époque, les ponts qui franchissent la lagune à Cotonou et Porto-Novo n'existent pas ; dans des articles de *la Reconnaissance Africaine*, le père Aupiais présente les travaux de la voie de chemin de fer qui va relier les deux villes.

J'ai fait faire une autre copie que je t'enverrai demain par le G.B.

Je commence à songer au 2ème numéro, mais je compte sur un petit nombre de collaborateurs sûrs. Je me suis adressé à Ernest de Medeiros pour avoir des nouvelles d'hygiène et de médecine.

Je préfère envoyer les circulaires d'ici pour ne pas les envoyer en double exemplaire à la même personne. J'ai dépassé le nombre de 200. Je t'ai demandé les listes des employés du Chemin de Fer et d'autres listes dans une lettre que je t'ai adressée en même temps que les articles. Je m'inquiète que tu n'aies rien reçu.

Gbenou est désolé jusqu'aux larmes. Il est encore venu aujourd'hui. Je ne sais plus que répondre.

Sentiments dévoués en N.S.

F. Aupiais.

Lettre 3

Porto-Novo, le 5 Août 1925

Mon cher Paul

Je crois que tu as raison pour le téléphone …

Je te renvoie donc aujourd'hui Tata Ajaché corrigée, mais non diminuée, je l'espère du moins. D'ailleurs ces rectifications ne sont pas définitives puisque nous devons lire ensemble ce récit. Tu verras que j'ai remanié la partie qui se rapporte à la grossesse et aux rapports de (*illisible*) avec son amazone ; c'était nécessaire pour égarer le lecteur et soutenir l'intérêt du récit en maintenant le mystère. J'ai dû changer quelques mots au sujet de l'accouchement, les Religieuses, les Dames, les jeunes filles, les enfants devant lire le Bulletin.

J'irai à Cotonou <u>cette semaine</u> puis mardi prochain ou mercredi.

Sentiments dévoués.

F. Aupiais.

Pourra-t-on tout mettre dans le 1er Bulletin ? Si non, où s'arrêter (*illisible* réduit peut-être). Je préfèrerai tout mettre.

<u>Suite :</u>

Je reçois ta lettre au moment de partir au G.B. porter ce paquet.

Au lieu de F.A. mets le Père Aupiais.

Signe : Gabriel Kiti[11].

Prépare ton article sur la prise de soutane.

Tu as raison pour le pseudonyme, mais on s'arrangera pour faire savoir quelle personne il cache.

---

[11] Gabriel Kiti (1900-1948), 2nd prêtre dahoméen, ordonné en 1929.

Je crois que tout le monde viendra à nous, si nous réussissons.

J'aurais voulu insérer sur une couverture ma circulaire.

Tu ne m'as pas envoyé les noms que je t'ai commandés (Chemin de fer).

Lettre 4

Sans lieu, ni date

(Sans doute courant Août 1925)

Mon cher Paul

C'est le moment de travailler et de travailler ferme pour être à la hauteur de la réputation que Monsieur Delafosse[12] va nous faire.

Nous reparlerons dimanche de notre chère Reconnaissance et de son heureux destin !!!

Quel dommage que les imprimeurs ne comprennent pas le beau rôle qu'ils ont à jouer dans notre œuvre. Quand paraîtra ce Bulletin ? Que ce soit pour dimanche au moins.

Sentiments dévoués.

F. Aupiais

---

[12] Maurice Delafosse (1869-1926), administrateur, africaniste et linguiste, se trouve en poste à Dakar pendant la guerre de 1914-1918, où le père Aupiais qui y est mobilisé se lie d'amitié avec lui.

Lettre 5

Porto-Novo, le 8 Août 1925

Mon cher Paul

Je t'envoie sous ce pli l'introduction à ton article. Que ta modestie ne soit pas blessée.

J'aurais voulu savoir ce que tu penses de ta lettre, telle que je te l'ai rendue. À propos de cette lettre, il y a un mot qu'il faudrait changer de place ou même supprimer, c'est le mot « seulement » qui précède la parenthèse ou tu dénombres les (*illisible*). Mais on peut laisser la parenthèse.

Toutes les fois que mon nom parait, <u>excepté sur la couverture,</u> on pourra mettre F. Aupiais, ou F.A. quand il s'agit d'une note comme celle qui est jointe ici.

Je crois qu'il vaudrait mieux que j'aille à Cotonou donner le bon à tirer, mardi si vous êtes prêts. Je regrette que vous n'ayez pas encore fait le prix de revient. Envoyez le moi le plus tôt possible et réduisez-le aux <u>frais</u> (y compris le bénéfice de l'imprimeur).

Je voudrais faire insérer au Journal Officiel du 15 Août une annonce concernant le Bulletin.

J'attends ta lettre de Lundi. S'il le faut, appelle-moi au téléphone, à la CACA ou à la C.R.O.A.[13]

Sentiments dévoués en N.S.

F. Aupiais.

Envoie-moi des adresses.

---

[13] Maisons de commerce.

Porto-Novo, le 17 Août 1925

(Cette lettre était agrafée à la précédente)

Mon cher Paul

J'ai découvert une erreur à propos du marché de Lokossa qui a lieu non pas les 16, 20, etc., mais le jour de Covê. À sa place puisque ce nom était « tête de liste », tu peux mettre : Djêgan Daxo. D'ailleurs je t'envoie une feuille rectifiée.

Qu'êtes-vous devenus ces jours derniers ? J'ai bien pensé à vous, à toi particulièrement, Mon Cher Paul.

J'ai parlé à l'Imprimeur Da Silva, qui m'a tenu un beau langage : 50 kg de caractères et une nouvelle presse qui arrive ce mois-ci !! Que valent ces paroles ?

Les caractères de l'imprimerie de la Mission de Ouidah sont-ils arrivés ?

J'attends de tes nouvelles ce soir par le G.B.

Sentiments affectueux.

F. Aupiais.

P.S. Je t'enverrai demain tes listes d'abonnements

Porto-Novo, le 13 Septembre 1925

Mon cher Paul

Je t'envoie deux nouvelles listes.

Notre ami Jean Suayenou s'est montré très dévoué à notre œuvre, puisque c'est lui qui a recruté les nouveaux abonnés de Calavy. Tu le remercieras si tu le vois avant moi.

Je t'enverrai de l'argent par le Père Lieutaud[14] qui doit venir ici cette semaine.

L'imprimeur m'a parlé d'une commande de papier. Je crois qu'il peut, sans imprudence, faire cette commande.

Les fautes d'impression et les imperfections de présentation sont assez nombreuses dans le 2ème numéro : les parenthèses ne sont pas assez marquées, les parenthèses devraient être des « notes » en bas de la page quelquefois, ou bien elles devraient être imprimées en caractères spéciaux.

Voudrais-tu faire comprendre à l'imprimeur qu'il ne peut pas commencer le tirage sans avoir un « bon à tirer », comme il l'a fait la dernière fois.

Fais-toi aider pour l'expédition du 2ème numéro. Prends note des Bulletins (de leur nombre) que tu enverras aux Supérieurs des Missions de Ouidah, de Cotonou, de Grand Popo, de Dassa, d'Abomey et de Zagnanado.

Tâchons de trouver des correspondants aussi dévoués que Jean Suayenou pour les postes du Nord : Savalou, Savé, etc. et pour l'extérieur : Zinder, Côte d'Ivoire, Dakar.

---

[14] Eugène Lieutaud né à Saint Martin de Crau (Bouches du Rhône) en 1885, ordonné prêtre aux Missions Africaines en 1910 ; missionnaire au Dahomey et au Niger, décédé à Cotonou en 1949.

Je te félicite de l'état d'esprit dans lequel tu te trouves au sujet du travail de l'école, tu as accepté et tu as bien fait.

Gbenou a très bien compris ta décision et même il a été très heureux, à cause du mauvais temps de la nuit, que tu ne te sois pas embarqué.

Fais-toi aider, encore une fois, pour le côté commercial et pour l'expédition du B.R.A.

J'aurais voulu avoir avec toi, pendant notre voyage une conversation que je n'ai pu placer. Ce sera pour une autre fois.

Sentiments les plus affectueux.

F. Aupiais.

Lettre 8

Porto-Novo, le 18 Septembre 1925

Mon cher Paul

Je t'envoie les « Nouvelles » de Porto-Novo et je te prie de demander au Père Planque[15] s'il ne voudrait pas donner celles de Cotonou : Naissances légitimes, Décès, Mariages. Je vais demander la même liste à Ouidah en priant le Père Neu[16] de l'envoyer à Mr Wenceslas de Souza avant mercredi. Je t'envoie aussi les Marchés, l'Éditorial partira dimanche soir ou peut-être demain soir.

---

[15] Joseph Planque, neveu du co-fondateur des Missions Africaines ; né à St André de Lille (Nord) en 1869, ordonné prêtre en 1896 aux Missions Africaines, missionnaire au Dahomey et au Togo de 1908 à 1928, décédé à Lyon le 26.07.1929.

[16] Julien Neu, né à Masnières (Nord) en 1883, ordonné prêtre aux Missions Africaines en 1906, missionnaire au Dahomey, décédé à Grenoble en 1937.

On a été mécontent à Porto-Novo qu'on ait si vite changé le prix du Bulletin et qu'on l'ait augmenté de 0F, 50. Au temps du billet (des coupures) cela n'aurait pas paru, mais cette augmentation, en sous ou en monnaie jaune, a paru exorbitante. Si l'on revenait à l'ancien prix ? Je serais obligé de le faire pour écouler les numéros présents que je ne puis arriver à placer à 1F, 50.

Mr Wenceslas a-t-il fait l'estimation de son Bulletin pour 800 numéros, et quelle est cette estimation ?

Le Docteur Gautier le lit assidûment et a pour ton talent une grande estime.

Quelle joie dans ta famille et parmi tes amis depuis ton voyage de Dimanche.

Sentiments dévoués et affectueux.

F. Aupiais.

P.S. Tu as dû recevoir la Sainte Bible et la Vie Catholique.

Lettre 9

Porto-Novo, le 2 Octobre 1925

Mon cher Paul

Je suis bien confus d'être si en retard, ne te décourage pas.

J'ai été pris par des occupations imprévues et d'autre part les prochains articles me donnent beaucoup de travail. Je parle de ceux de Mr Kiti et de Mr Moulero. Ton travail ancien – en 15 leçons – ne convient pas tout à fait aux cadres du Bulletin. Ce matin, j'ai essayé d'y mettre ou une autre unité, ou un autre sens par de larges coupures. J'y travaillerai dans la journée et je t'enverrai mon travail ce soir, si je puis le faire dactylographier. Si je n'y réussis pas, je t'enverrai un article intéressant de Monsieur Thomas Moulero[17] qui sera prêt ce soir.

Je t'envoie ce matin la Vie catholique.

Le Bulletin se présente mieux malgré (*illisible*) : <u>à la ligne</u>.

La couverture n'est pas brillante, mais cela ne fait rien.

J'irai à Cotonou la semaine prochaine. J'y passerai la journée de jeudi avec toi, pour travailler à ce que tu feras paraître après l'étude sur Ouidah.

Je t'envoie des noms de nouveaux abonnés. Je servirai les abonnés de Porto-Novo.

Bon courage.

Le 3ème N° est très intéressant. J'espère avoir un article de puériculture pour le N° 4.

Je te suis affectueusement dévoué en N.S.

F. Aupiais

Écris-moi au sujet de ton travail sur Ouidah.

Lettre 10

Porto-Novo, Dimanche soir

(1ère quinzaine d'Oct. 25 : il est question du n° 3 de la *R.A.* à paraître le 15 Octobre.)

Mon cher Paul

Voici ce que je propose pour ton article sur l'origine de Ouidah :

---

[17] Thomas Mouléro (1888-1975), originaire de Kétou, 1er prêtre dahoméen, ordonné en 1928.

1. Laisser le préambule (Chapitre I page I) d'une trop grande portée historique pour cet article. On le retrouvera pour un autre article.

2. Commencer à la page Ière au Chapitre II : Dangbé était à l'origine, etc. etc. et continuer jusqu'au bas de la page : « à la manière de mon serviteur et de votre bienfaiteur ».

3. Poser la question : quel était donc ce Passé et revenir au Chapitre I page 2 « prenant un jour des … » en continuant jusqu'à « Les Européens qui suivirent »

4. Revenir à la page 2 du Chapitre II : « Pate n'a pas eu de descendance directe » etc. Cela ferait la matière du 1er chapitre. Ensuite l'installation des Blancs ferait la matière d'un 2ème et la conquête de Ouidah, avec tout ce qui l'a précédée, la matière d'un troisième.

Je t'envoie ton travail pour que tu les transformes dans ce sens et il paraîtra dans le numéro du 15 Octobre.

Monsieur Fourn[18] que j'ai vu longuement samedi et que je reverrai demain, m'a donné des explications historiques qui ont confirmé mes hypothèses sur plusieurs points. Nous avons été trop entraînés tous les deux dans la chaleur de notre discussion pour parler beaucoup du B.R.A. Cependant il a prononcé ton nom avec beaucoup d'estime et de sympathie.

Tout le monde est satisfait du n° 3 qui est bien mieux imprimé que les précédents. Mais les Porto-Noviens ne lisent pas beaucoup.

J'arriverai mardi matin.

J'espère avoir pour le Numéro du 15 Octobre un article de puériculture.

---

[18] Gaston Fourn. Administrateur, gouverneur du Dahomey de 1917 à 1928.

Joseph Kamgan ne t'a pas remis la lettre que je lui ai confiée vendredi. Mais tu as reçu l'article quand même par le Père Planque (je parle du Catéchisme expliqué).

Ce soir j'ai fait partir par la Poste : les Marchés, les Nouvelles, Joachim Agbodomey.

Demain matin partira cette lettre avec ton travail sur Ouidah.

Je voudrais consacrer quelques lignes à Denis Gonsallo qui était très dévoué à la Reconnaissance.

Sentiments affectueux.

F. Aupiais

P. S. Je te parlerai mardi du n° 1 du bulletin.

Je viens de m'apercevoir que c'est la Vie Catholique que Joseph Kamgan m'a rapportée.

Lettre 11

Porto-Novo, le 22 Octobre 1925

Mon cher Paul

Je t'envoie le typographe que veut bien nous prêter Monsieur Henry, à qui j'ai fait une avance de 50 Frs. Le jeune homme, qui est d'ailleurs Catholique et ancien apprenti de la Mission de Lomé restera à Cotonou jusqu'au samedi 31 Octobre, ou au Dimanche 1er Novembre. J'espère que Mr Wenceslas sera satisfait de son concours. Je te conseille, ou de le loger chez toi sans le nourrir ou de lui trouver une maison amie. Peut-être pourrait-il nous aider à trouver un typographe, ancien apprenti comme lui, de la Mission. Nous ne pouvons pas songer à l'enlever à Mr Henry. Mais il est regrettable que nous ne l'ayons pas découvert avant aujourd'hui.

Chaque matin, à l'arrivée de la pirogue de la Poste, chaque soir à l'arrivée du Chaland, j'attends le Bulletin qui n'arrive pas. Les abonnés sont mécontents, ce qui n'est rien, mais pessimistes sur notre entreprise, ce qui est grave. Je te le répète, Wenceslas abuse de la situation.

Crois-tu opportun de tirer 600 exemplaires ? 500 suffiraient.

As-tu reçu tout ce que je t'ai envoyé ? La prise de soutane, la vie de Joachim ?

Sentiments dévoués en N.S.

F. Aupiais.

Lettre 12

Porto-Novo, le 23 Novembre 1925

Mon cher Paul

Je continue ma lettre de ce matin.

Les Agbos me paraissent un peu fâchés, et fâchés contre Adjovi qu'ils accusent d'avoir fait pression sur moi pour faire paraître ces renseignements.

Légitime ou non, cette plainte doit être prise en considération, car il faut de la sérénité à l'histoire et il convient de ne pas froisser certains amours propres, il importe surtout de ne pas entretenir ou aviver des querelles entre familles.

Ton article paraîtra dans le prochain Numéro, comme il a été convenu, mais sans les noms de famille, qui en (illisible) le début.

Pour les Agbos, Passé[19] n'est pas un roi, mais un chef féticheur. Ils vont m'envoyer un long article, nous lirons cet article

---

[19] Passê (ou Kpasê), roi fondateur mythique de Ouidah ; les habitants se nomment Xueda-nu, habitant/nu de Xueda ou Ouidah..

ensemble et nous en étudierons le fond et la forme. L'article que je désire sur le Dan-Homey[20] devrait établir la grandeur des institutions, la valeur des hommes, par des exemples heureusement choisis.

Je trouve que le travail d'impression du dernier bulletin a été très long, trop long si nous voulons paraître régulièrement. En réalité ce numéro n'a eu qu'une page et demie de plus que les précédents, puisque les couvertures n'ont pas été imprimées à l'intérieur.

L'envoi des copies a été assez régulier. Il faut examiner cette question et peut-être apporter une modification à la méthode de travail.

Pour les prochains bulletins, on ne mettra plus les articles inédits sur les couvertures. On y mettra seulement ou bien les Nouvelles, ou bien la Vie Catholique.

Le prochain numéro sera ainsi constitué :

      Éditorial 1 page 1ère
      Joachim 3 pages 4ème
      Les Huedas 3 pages 7ème
      Les sages-femmes 1 page 8ème
      La Sainte Bible (après l'éditorial ou après Joachim)
      Couvertures : Vie Catholique
      Nouvelles de Cotonou et de Ouidah

Crois bien, Mon cher Paul, à mes meilleurs sentiments et à tous mes (effacé) et à toutes mes prières pour ton complet rétablissement.

F. Aupiais

P.S. J'ai oublié l'Écriture Sainte. Pourras-tu faire paraître cet article ?

---

[20] Dan-homey (ou Danxomê ; en français : Dahomey), nom du royaume d'Abomey qui signifie « dans/mê, le ventre/xo, de Dan).

Porto-Novo, le 9 Décembre 1925

Mon cher Paul

Je t'ai envoyé des articles tous ces jours-ci sans t'écrire et je t'en exprime tous mes regrets.

C'est le courrier que j'ai eu à préparer pour le 9 Décembre qui a été la principale source de mon silence. Mais il y en a d'autres, les visites, en particulier. Ainsi ce matin je voulais t'envoyer une liste de réabonnés et je tenais beaucoup à t'envoyer cette liste aujourd'hui même à cause du train de Bohicon de demain. Mais au moment où je venais d'écrire : Mon cher Paul, une dame européenne est arrivée qui m'a retenu jusqu'à 10 heures, c.à.d. une heure 30.

J'ai reçu hier la visite de Monsieur Bêton. Cet homme me plait beaucoup. Sa visite a été un peu courte, et il était accompagné de Mr Billiès, ce qui m'a empêché de lui parler confidentiellement. Il m'a dit qu'il était heureux de se compter parmi nos abonnés.

J'attends pour demain, par le Père Rast[21], un article de Mr Mouléro. Mais je vais préparer du même collaborateur un article sur Kétou dans le cas où l'article catéchétique ne serait pas prêt.

Je voudrais bien un peu de folklore, mais je n'ai pas d'articles sur cette matière. Paulin Norman que j'ai revu dimanche et qui devait venir à la Mission hier soir n'est pas venu. Il me propose avec Félicien de fonder un Comité dont je ne saisis pas bien

---

[21] Louis Rast, né à Mulhouse en 1894, ordonné prêtre aux Missions Africaines en 1921, missionnaire au Dahomey, en particulier à Porto-Novo ; décédé à Paris en 1958.

l'intérêt. Ce qu'il me faut c'est du travail, comme tu m'en donnes, du <u>travail écrit</u> et non des <u>parlottes.</u>

À ce jour, je t'ai donc envoyé : Les Houedas, la Vie Catholique, Joachim, le Coton, et je préparerai Kétou ou le Catéchisme plus l'Éditorial.

J'ai obtenu une première rame de papier blanc pour le Numéro du 1er Janvier. J'espère obtenir une autre rame.

Crois bien, Mon cher Paul, à mes sentiments le plus affectueux.

F. Aupiais

P.S. Une Religieuse, la Sœur Perpétue, vient de mourir à Ouidah. J'espère avoir un article pour le n° du 1er Janvier.

Lettre 14

Porto-Novo, le 18 Décembre 1925

Mon cher Paul

C'est l'ancien boy du Père Kuhn[22], Paul, qui a volé à la Mission samedi dernier dans la nuit. Il me volait depuis longtemps et il avait pour complices son frère et sa mère, protestants et que nous avions la naïveté d'accueillir à la Mission, mieux que s'ils eussent été catholiques …Parmi l'argent volé, il y a la caisse de la Reconnaissance, mais nous retrouverons cet argent.

Je t'envoie une liste de réabonnés.

Je commence à préparer les nouveaux articles. Tu recevras le premier demain.

---

[22] Xavier Kuhn, né à Turckheim (Haut-Rhin) en 1889, ordonné prêtre aux Missions Africaines en 1914, missionnaire au Dahomey, à Porto-Novo et Adjarra de 1919 à 1925 ; décédé en rade de Cotonou en 1925, et inhumé à Lomé.

Je fais de longues séances chez le Commissaire et il faudra de plus aller à Cotonou au Tribunal. Mais je me félicite d'avoir trouvé un voleur que je cherchais depuis longtemps et qui est un monstre d'impudence comme il est très rare d'en voir.

Sentiments affectueux.

F. Aupiais.

P.S. Je t'envoie une lettre qui va te faire sourire.

Lettre 15

Porto-Novo, le 15 Janvier 1926

Mon cher Paul

Je t'ai envoyé hier soir par la pirogue postale 150 bulletins pour les abonnés comme convenu. On pourrait vendre l'exemplaire 1F, 50, le prix du Bulletin aux acheteurs au numéro. Je prie le Père Lieutaud de dédouaner du papier qui est venu pour Emmanuel Henry et que je lui ai racheté.

Je t'envoie sous ce pli l'article d'Écriture Sainte qui commence une série très intéressante. La notice sur la Sœur Perpétue sera prête ce soir ainsi que la Vie catholique. J'ai demandé à Joseph Tovalou une notice biographique sur son père. Félicien doit me préparer un récit de la Fête de l'Épiphanie.

Merci …

Je t'envoie ce matin par l'intermédiaire de la Mission de Cotonou 50 exemplaires du N° 1.

Crois bien, Mon cher Paul, à mes sentiments les plus dévoués en N.S.

F. Aupiais

P.S. Si le Bulletin n'est pas prêt pour prendre le train du Nord demain, c'est à désespérer.

Merci pour le N ° 5 que j'ai bien reçu.

Lettre 16

Porto-Novo, le 21 Janvier 1926

Mon cher Paul

Je t'envoie la circulaire que tu feras passer dans les Maisons avant <u>Dimanche,</u> si possible.

Je t'envoie un avis à insérer dans le Bulletin, à l'endroit des Avis : revers de la couverture après la Vie Catholique. Que vas-tu penser des Houédas que je t'envoie ? J'ai été obligé d'allonger ton article auquel il manquait quelques phrases supplémentaires, m'a-t-il semblé. Cela fera bien une bonne page. J'enverrai la suite de Kétou pour demain et l'Éditorial pour samedi.

Je t'ai envoyé 25 Mystères ce matin, et j'ai fait parvenir les leurs aux Religieuses, mais non aux Pères. Tu y suppléeras. Sers aussi Mr Bourjac, Mr Prétes et Mr Friant des Chargeurs qui sont des abonnés d'un an à partir de Janvier.

J'ai fait un bon voyage la nuit dernière.

Sentiments affectueux.

F. Aupiais.

Porto-Novo, Mars 1926

Mon Bien cher Paul

Croyant que le paquet de jeudi ne contenait que des imprimés dont je n'avais pas besoin sur le moment, je ne l'ai pas ouvert. Je me reproche beaucoup cette négligence qui est l'unique cause de mon silence.

Mon cher Paul, (*effacé ou illisible*). Je te le pardonne puisque il n'est pas encore trop tard pour aviser.

Il faut absolument que tu ailles à Abomey finir le trimestre, insiste auprès du Docteur pour avoir un certificat et adresse une demande à Monsieur le Gouverneur, j'appuierai cette demande auprès du successeur de Mr (*Galthin ?*) (qui ne sera connu que ces jours-ci, on parle de Mr Saintot). Pour les vacances mêmes tu iras à Abomey et je t'y rejoindrai, car je dois y aller la semaine qui suivra la Quasimodo. J'avancerai mon voyage d'une semaine. Le climat d'Abomey est très bon, parce que moins humide que celui de Cotonou. Il faudrait peut-être que tu arrives à te nourrir un peu plus. Mais, en ceci, tu suivras les indications du Dr Beauvallet.

Comment ferons-nous pour le Bulletin ? C'est une grave question, mais nous trouverons une solution, sans que je puisse songer à te remplacer, parce que personne ne pourra avoir ton dévouement.

L'attitude du Père Planque complique aussi la situation. Mais j'ai confiance en l'Étoile du Bulletin et notre situation n'est pas désespérée

Écris-moi pour me tenir au courant de tes démarches.

Dans les « Nouvelles », un mot a été omis : <u>il y a</u> la civique, il faut mettre la <u>taxe</u> civique. Si vous n'avez pas la place de tout mettre, ne sacrifiez pas les nouvelles de partout. Je me permets de te rappeler : Si l'arbre <u>mort</u> de la forêt

Meilleure Santé, Bon Courage et Confiance.

Tu trouveras à Abomey la santé en (illisible) et peut-être plus.

Je te suis très affectueusement dévoué en N.S.

F. Aupiais.

Lettre 18

Porto-Novo, le 15 Mars 1926

Mon cher Paul

Je t'envoie l'une des 3 légendes que j'ai reçues de Ouidah et que tu as lues dans le train. Je désire qu'elle passe dans le numéro du 1ᵉʳ Avril, et je serais heureux si ce n° pouvait paraître pour le jour de Pâques et à 12 pages. J'espère voir le Cᵃⁿᵗ (*Clament ?*) pour les travaux. Nous aurons la suite de Kétou, ton récit de voyage, peut-être enfin la puériculture, etc.

Seras-tu prêt pour la semaine de Pâques ?

(suivent cinq lignes en partie effacées sur la droite)

Alexandre d' (*Oliveira ?*) a-t-il pu t'aider un peu ?

Si le Bulletin arrivait ici un peu tôt, j'aurais pu aller à Cotonou dès mercredi.

Sentiments affectueux.

F. Aupiais

P.S. Je reçois ton mot ce matin.

Veux-tu avoir la bonté de communiquer à Wenceslas la copie corrigée de la lettre.

Je suis surpris et désolé du retard du N° du 15.

Je ne serai pas à Porto-Novo pour distribuer le Bulletin.

Lettre 19

Porto-Novo le 26 Mars 1926

Mon cher Paul

Je t'envoie le tableau d'honneur de la souscription parce que je me suis rappelé que vous aviez … (*Réclamé ?*).

J'attendais une lettre de toi, ce matin. J'en aurais peut-être une demain dans laquelle tu me diras quels sont les articles que vous avez été obligés de renvoyer au prochain numéro.

Je regrette beaucoup de ne pas être à Cotonou dans des circonstances comme celles-ci parce que vous avez été embarrassés Wenceslas et toi pour

(Cinq lignes ont été ici en partie effacées sur la gauche)

… mais vous avez peut-être l'inquiétude de penser que je ne vous approuverais peut-être pas. Ne vous tourmentez pas à ce sujet.

Je tiens beaucoup <u>aux listes des passagers</u> débarqués et embarqués.

Le Père Perrin[23] est un peu en retard pour les Nouvelles d'Europe, je les enverrai demain par le Chaland de 10 heures par une occasion si j'en trouve une ou par la Poste.

---

[23] Paul Perrin, né le 25 Décembre 1896 à Fouchy par Villé (Bas-Rhin), ordonné prêtre dans la Société des Missions Africaines le 10 Juillet 1921, missionnaire au Dahomey de 1925 à 1931, puis de 1946 à 1966, décédé en 1966 à Porto-Novo.

Veux-tu faire cette rectification à l'Éditorial, <u>il y a</u> : Si l'arbre de la … pouvait parler, il faut mettre : si l'arbre mort de la forêt *(pouvait ?)* parler.

Sentiments (…. *effacé)*

F. Aupiais

Alex. D'Oliviera pourrait t'aider pour les corrections des épreuves.

Ne demande rien au Père Planque ; il vaudrait mieux en cas de nécessité (après ton départ de Cotonou) que Wenceslas s'adressât au Père Barreau[24] qui sera à Cotonou à partir de mercredi.

La signature pour la Prise de Voile est : Mère Marie Aloysia, supérieure des Religieuses de Calavy.

Lettre 20

Porto-Novo, le 16 Avril 1926

Mon cher Paul

Je t'envoie 3 articles pour le n° du 1er Mai et j'en ai 2 autres qui sont prêts à taper.

Nous aurons donc :
    La Sainte Bible
    Voyage aux Dassas[25]

---

[24] L'écriture du nom est quasi illisible. Mais la fin du nom (en *'eau'*) fait penser qu'il s'agit de Joseph Barreau. Né à Commequiers (Vendée) en 1881, ordonné prêtre dans la société des Missions Africaines en juillet 1905, missionnaire au Dahomey (Adjarra, Grand-Popo, Allada) de 1906 jusqu'à son décès à Zagnanado en 1950

[25] Dassa : ethnie de langue yoruba au centre du Dahomey ; localité importante : Dassa-Zoumé.

Folklore

Immortalité de l'âme

L'Atlantique

Ces différents articles sont tous longs.

Je me sais plus si je pourrais aller à Abomey la semaine prochaine, et cela à cause de la visite des 16 Messieurs de la Société des Nations.

Je te suis très dévoué en N.S.

F. Aupiais

Lettre 21

Porto-Novo, le 10 Mai 1926

Mon cher Paul

Je n'ai reçu qu'aujourd'hui ta lettre du 8 me parlant des propositions de Wenceslas. Je crois que l'imprimerie de Ouidah ne sera pas prête à fonctionner immédiatement. D'ailleurs Wenceslas n'est pas obligé de s_engager envers le jeune homme qu'il prendra.

La lettre de Monsieur Delafosse m'a fait penser que je pourrais peut-être faire une démarche auprès de Monsieur le Gouverneur pour faire imprimer le bulletin à l'imprimerie du Gt. J'attendrai pour cela l'article de la Dépêche. Ne parle de rien à Mr Wenceslas.

Je t'envoie un article. J'ai été fatigué toute la semaine dernière et la journée d'hier n'était pas faite pour me reposer. Notre Fête a été splendide, le matin et le soir.

La Vie Catholique, les 2 aveugles, le reste des Houédas, tout cela est-il composé ?

À partir de demain, j'enverrai chaque jour des articles.

J'attends un mot de toi au sujet de l'article de Mr Delafosse que tu aurais dû recevoir samedi. Les Bulletins me sont parvenus. Surveille les dépêches coloniales du 11 au 18 Avril qui arriveront par le courrier du 13 courant.

Sentiments affectueux.

F. Aupiais

Lettre 22

Porto-Novo, le 14 Mai 1926

Mon cher Paul

Je t'envoie l'Éditorial.

Comment vas-tu ? J'espère que tu es un peu remis. Je n'ai pas assez de tes nouvelles et j'en souffre. Écris-moi.

L'article de Monsieur Delafosse a paru dans la Dépêche Coloniale du 21 Avril : nous sommes couverts de fleurs, toi particulièrement. Je suis <u>très heureux</u> de la joie que mes collaborateurs vont éprouver.

Je suis fatigué et débordé d'occupations.

Que Wenceslas engage le jeune homme de Martin (*Dole ?*).

Je t'envoie la lettre de Monsieur Labouret[26].

Sentiments affectueux.

F. Aupiais.

---

[26] Henr Labouret (1878-1959), ethnologue et linguiste, administrateur en Afrique Occidentale.

(Aux bons soins du Père Lieutaud. <u>Urgent.</u>)

Porto-Novo, le 15 Mai 1926

Mon cher Paul

Avec le présent article aurez-vous assez de matériaux pour constituer le Bulletin du 15 ? Je ne puis le prévoir parce que je ne connais pas assez l'imprimerie. Si ces articles ne suffisaient pas, <u>télégraphie-moi</u> dans la journée d'aujourd'hui.

J'ai beaucoup de tracas et de travail ces jours-ci, et je n'ai pu faire mon article sur le Chemin de Fer ni préparer le voyage de Dassa.

As-tu lu le n° de la Dépêche Coloniale du 21 Avril ?

Peux-tu me renseigner sur Lisa[27] ?

Comment te portes-tu ? Je ne sais rien de toi, même de la joie que tu as dû éprouver à la lecture de l'article de Mr Delafosse.

Sentiments affectueux.

F. Aupiais.

Lettre 24

(copie d'une lettre adressée à Wenceslas, l'imprimeur)

Porto-Novo, le 21 Mai 1926

Mon cher Wenceslas

Je vous envoie le jeune homme dès aujourd'hui. En revenant de Cotonou il m'a demandé une avance d'argent, je lui ai

---

[27] Lisa : vodun de la religion des Fon.

répondu que je ne pouvais lui rendre ce service avant qu'il n'ait commencé son travail et qu'on ait vu ses aptitudes.

Il commencera donc, et aussitôt que vous jugerez de ses capacités vous lui avancerez une petite somme.

Gardez-le en même temps qu'Anselme 2 ou 3 semaines, pour mettre le Bulletin à jour, car nous sommes bien en retard.

Sentiments dévoués.

F. Aupiais.

J'ai donné 25 Frs au jeune homme pour son premier voyage et je lui donne aujourd'hui 15 Frs.

Lettre 25

Porto-Novo, le 26 Mai 1926

Mon cher Paul

La pluie t'a empêché de venir à ma rencontre lundi dernier et j'ai beaucoup regretté d'avoir manqué notre entrevue.

Je t'envoie ce matin la Vie Catholique. Je te prie de <u>supprimer l'ancienne</u> qui n'avait plus aucun intérêt. Supprime aussi les Nouvelles d'Europe qui avaient été préparées pour le n° du 15.

J'ai dit à Wenceslas que j'ai rencontré à la Mission dimanche matin, de « composer » l'article de Mr Delafosse.

L'Éditorial prendra deux pages comme celui qui concerne les Sœurs.

Demande à Wenceslas de supprimer sa couverture jaune qui est très défectueuse parce qu'elle est lustrée tandis que la verte étant mate se prête bien à l'impression.

Je vais être obligé d'écourter un peu le dernier « Dassa ». Que prépares-tu pour le prochain Numéro ? Le (*Pèlerinage ?*) de Mahou ? La Reconnaissance ? Une étude sur les noms ? La suite de l'histoire de Ouidah ? Le récit des funérailles de ton père ? (en généralisant).

Je ne te parle plus du pacte, pour lequel tu parais beaucoup hésiter. J'ai un très beau sujet à te proposer si tu ne veux pas publier des œuvres de longue haleine dans la Reconnaissance Africaine.

La « Croix » du 1er Mai a reproduit, parait-il, l'article de Mr Delafosse. Je n'ai pas encore reçu ce numéro.

Monseigneur nous apportera des caractères (en 10) et une brocheuse.

J'ai vu longuement Paulin Norman dans mon voyage de lundi matin. Je crois avoir trouvé en lui un collaborateur très sérieux et très intelligent.

Wenceslas ne pourrait-il imprimer de la musique ?

Crois bien, Mon cher Paul, à mes sentiments les plus dévoués.

F. Aupiais

P.S. L'homme marié peut reconnaître un enfant né après le mariage d'une concubine.

Lettre 26

Porto-Novo, le 31 Mai 1926

Mon cher Paul

Je t'envoie aujourd'hui l'Éditorial, ainsi qu'une réclame, que vous ferez imprimer en caractères un peu grands puisqu'elle est courte.

Nous n'avons parlé hier ni des décès ni de naissances ni des bateaux et des passagers et cependant, ces petites nouvelles sont très importantes, parce qu'elles sont très appréciées, et je désirerais bien une grande régularité pour cela. Je n'ai plus les indicateurs des Cies de Navigation pour le 2ème semestre de l'année. Faites votre possible pour ne pas supprimer les nouvelles d'Europe, qui demandent beaucoup de travail au Père Perrin.

Est-ce que, le cas échéant, on ne pourrait pas ajouter une feuille volante, du même format que le Bulletin, pour les nouvelles d'Europe et les nouvelles des Missions, les passages des bateaux, quand les 8 pages ne suffisent pas et que l'on ne veut pas aller jusqu'à 12 pages. ?

Dis encore à Wenceslas que son dernier papier vert est très bien, parce qu'il n'est pas lustré, et que les lettres se lisent facilement.

Crois bien, Mon cher Paul, à mes sentiments les plus dévoués en N.S.

F. Aupiais.

Lettre 27

Porto-Novo, le 7 Juin 1926

Mon cher Paul

Il m'en a beaucoup coûté de te télégraphier de sacrifier les Dassas, mais je n'ai pas osé renoncer à la Vie Catholique qui avait été omise une fois déjà et pour laquelle nous sommes bien en retard. La feuille détachée pourra nous rendre de grands services, même pour les décès, les naissances, et les mariages, ainsi que pour les bateaux.

N'avez-vous pas déjà à Cotonou des nouvelles de Porto-Novo concernant les baptêmes, etc. ?

Voici quel sera le programme du N° du 15 : Les Dassas, La fête du Cinquantenaire des Sœurs (dont je t'envoie la fin), Kétou, Le Chemin de Fer.

Le dernier Numéro est <u>très bien imprimé.</u>

Les nouvelles d'Europe se lisent mieux sur ce papier que sur le papier gris. Une petite omission : mettez Directeur : le Père Aupiais. Je t'avais demandé de m'envoyer le travail d'Antoine d'Almeida.

Crois bien, Mon cher Paul, à mes sentiments les plus dévoués en N.S.

F. Aupiais.

Lettre 28

Porto-Novo, le 11 Juin 1926

Mon cher Paul

Je t'envoie l'Éditorial qui est un peu court, mais le compositeur s'arrangera bien pour lui faire tenir la première page. J'ai jugé utile d'ajouter un post-scriptum en notre nom.

Hier dans l'après-midi j'ai visité les travaux du chemin de fer pour mon troisième et dernier article que je t'enverrai ce soir, je l'espère. Pourriez-vous mettre cet article dans le N° du 15 Juin ? il <u>le faudrait bien ?</u>

La « <u>Victoire</u> », le journal célèbre de Gustave Hervé[28] a publié un article de Mr André Lichtenberger sur la Reconnaissance Africaine. Cet article renouvelle ce qui a été dit et si bien dit par Monsieur Delafosse.

Comme le Gouvernement va ouvrir une souscription pour la « contribution volontaire », je suis un peu embarrassé pour ma souscription pour l'Église.

Je m'étonne et je me fais un peu de tristesse et d'inquiétude au sujet de ton silence.

---

[28] Gustave Hervé (1871-1944), homme politique français

Crois bien, Mon cher Paul, à mes sentiments les plus dévoués en N.S.

F. Aupiais.

P.S. Tu ne m'as pas envoyé le travail d'Antoine d'Almeida.

C'est Monsieur Falamê qui m'a communiqué l'article de la Victoire à laquelle il est abonné.

Est-ce notre papier qui est fini, ou l'approvisionnement de Wenceslas ?

Porto-Novo, le 17 Juin 1926

Mon cher Paul

J'irai à Ouidah samedi pour le mariage de Mlle Bourjeac mais je reviendrai à Cotonou dans la soirée même du samedi pour être à Porto-Novo le dimanche matin. Je retournerai à Cotonou dimanche soir ou lundi matin pour l'arrivée de Monseigneur.

Qu'avez-vous décidé pour les articles ? Je t'envoie les Dassas, et je te félicite de cet article auquel j'ai très peu touché, comme tu le verras. Il aurait fallu l'arrêter à la place que tu as toi-même indiquée, mais il n'y aurait pas eu matière à un autre article, c'est dommage parce que tu aurais laissé le lecteur dans l'angoisse. Je te conseille d'arrêter là où j'ai indiqué la fin, parce que le récit est un peu long pour un article, et je crois qu'il se termine mieux à cet endroit.

Je prépare un article sur la peste bovine qui m'a été donné par Émile Campos.

Je voudrais faire paraître aussi dans le prochain numéro la légende de Paulin Norman (La Peine).

À bientôt.

Sentiments dévoués.

F. Aupiais.

Lettre 30

Porto-Novo, le 2 Août 1926

Mon cher Paul

Je t'envoie les matériaux du Bulletin sauf les articles que je n'ai pas reçus et « Nouvelles Locales » et « Variétés ». La lettre à nos cousins d'Abomey n'est pas à sa place dans la feuille ci-jointe. Il faudrait la placer avant ou après la Vie Catholique. J'ai joint quelques explications qui seront nécessaires, je crois.

Il m'a semblé qu'une page dactylographié serrée, comme je l'ai fait faire suffirait à une page d'imprimerie. Faites l'expérience et écrivez-moi le résultat que vous obtiendrez. Il faut <u>composer</u> dès cette semaine pour « ordonner » le Bulletin et savoir son prix de revient.

J'attends tes articles.

Nous avons une réunion ce soir. Félicien sera un collaborateur sérieux, le seul ! Maximien veut faire de la politique, Alexandre ne veut rien faire du tout et Paulin Norman est en vacances.

Envoie-moi le plu tôt possible les noms du personnel du Chemin de Fer et du Wharf, ainsi que les noms des employés des maisons qui ont leur siège à Cotonou : C.R.O.A, Graft, etc.

J'ai fait imprimer ma lettre à 300 exemplaires. Elle est très bien imprimée.

J'irai certainement à Cotonou le <u>mardi</u> 11 Août.

Fais-moi tes remarques en attendant. Il serait beaucoup plus simple que tu viennes à Porto- Novo. (*Mais …*)

40

Réfléchis et prie au sujet des différends avec Gbenou. La femme qui a été la cause de votre querelle est bien punie. À la maison, les autres femmes l'insultent ou la raillent cruellement.

Ta Maman est venue ici, ce qu'elle n'a pas fait depuis 15 ans. J'ai reçu aussi la visite de Hundema, la belle-mère de Nicolas Hunkpê.

À bientôt de tes nouvelles.

Sentiments affectueux.

F. Aupiais.

P.S. Je confie les articles du Bulletin à la R^{de} Mère Matthias.

Lettre 31

Porto-Novo, le 19 Août 1926

Mon cher Paul

L'imprimeur ne terminera pas pour lundi, cela lui est impossible. Puisse-t-il terminer pour samedi. Je t'envoie une liste d'abonnés. Pour les abonnés de Porto-Novo, je crois qu'il vaut mieux prendre leurs numéros dans les 200 que tu m'enverras et les mettre à la Poste ici.

Je viens de voir Da Silva. Je ne puis me confier tout à fait à lui, sans savoir ce qu'il est capable de faire. Et voici à quoi j'ai pensé : partager en deux l'impression du bulletin. Le numéro du 15 serait imprimé à Cotonou, le numéro du 1er à Porto-Novo. Je crois que des deux côtés les typographes n'auront pas de trop d'un mois. D'ici à demain, j'aurais décidé quelque chose et je t'écrirai. Si un arrangement est pris avec Da Silva, Anselme commencerait donc dès la semaine prochaine la composition du numéro du 15 Septembre. Le format et le papier ne seront pas tout à fait les mêmes au début, mais cela s'arrangera.

J'ai pensé que pour les premiers numéros l'on aurait pu se passer de couverture et imprimer le titre sur le même papier que les autres feuilles. Cela se fait beaucoup en France. L'on mettrait une couverture dans 2 ou 3 mois pour aller de progrès en progrès, suivant la devise du journalisme moderne. Ce que je viens de dire n'est qu'une suggestion. Si tu crois, avec les milieux indigènes qu'il est préférable d'avoir une couverture dès le début, maintenons la couverture verte déjà admise.

Merci bien, Mon cher Paul, de ta précieuse collaboration.

Ta maman est venue me voir hier et avant-hier. Elle ne se console pas du différend entre Gbenou et toi.

Je te suis très dévoué en N.S.

F. Aupiais

P.S. Écris-moi demain. Lundi, j'apporterai 400 Frs.

Lettre 32

Porto-Novo, le 28 Septembre 1926

Mon cher Paul

Les « textes » latins que tu m'as envoyés sont des titres d'hymnes ou de chants religieux, et ces titres eux-mêmes sont les 2 ou 3 premiers mots de la première phrase de ces morceaux et ces mots eux-mêmes enfin sont parfois des compléments directs : Te Deum/Toi Dieu à qui ils manquent : Laudamus/Nous louons. Je ne comprends pas pourquoi ton correspondant t'a envoyé cette liste qu'il a dû prendre dans une table des matières d'un recueil de chants.

Pour l'imprimeur :

J'irai à Cotonou la semaine prochaine et nous parlerons longuement du Bulletin.

Je désire que ton nom soit au sommaire du numéro du 15. Prépare donc l'histoire de Ouidah, ou ton article sur les Ouédah que je viens de relire et qui est très intéressant, ou bien fais un article sur le royaume d'Ardres.

Je n'ai pas encore vu Monsieur Fourn.

J'ai une nouvelle liste d'abonnés à t'envoyer : 500 ou 600 exemplaires suffisent, plutôt 500.

Je t'écris à la hâte comme toujours.

L'article de la Revue Hebdomadaire m'a très très intéressé. Nous écrirons à Monsieur d'Elbée en lui envoyant notre Bulletin.

J'aurais bien voulu vivre au dix-septième siècle et venir comme missionnaire à Assen ou à Offra.

Quand enverrez-vous les Bulletins ? 250 numéros me suffisent provisoirement.

Sentiments affectueux.

F. Aupiais

Lettre 33

À bord du Hoggar, le 17 Octobre 1926

Préviens Madame Gouet que Mr. Sableau n'est pas à Dakar en ce moment et que sa Revue ne paraît plus.

P.S. J'ai vu Monsieur Prat. C'est lui le Président du Comité d'Études. Envoie-lui le bulletin à partir du 15 Août 1926.

Mon cher Paul

Demain, de Dakar, j'enverrai 2 articles pour les numéros du 15 Novembre et du 1er Décembre. Je n'ai pas eu le temps aujourd'hui d'écrire ces articles au copie-lettre. Avez-vous reçu celui que je vous ai envoyé de Bassam ? J'avais confié cet article reproduit en 2 exemplaires à Mr Pousset, ancien gérant au Restaurant (*Dudas ?*) Je pense qu'il a dû les faire poster, ou les poster lui-même de Bassam où il est descendu.

Peux-tu m'envoyer les 3 exemplaires du B.R.A du 1er Octobre dont je t'ai parlé et 10 N° du 15 Octobre et de tous les N° qui suivront.

<u>Condidentiel.</u> À bord, au cours du voyage on a voulu me faire croire que la femme protestante et mariée <u>civilement</u> d'un certain Couthon, tailleur à (*Cré ?*), serait enceinte de toi, et que ce tailleur aurait eu 40 jours de prison parce qu'il aurait essayé d'empêcher, brutalement, sa femme d'aller te rejoindre. Je ne puis pas croire tout cela. Renseigne-moi au plus tôt parce que je suis dans une grande inquiétude. Tu as tort, Mon cher Enfant, de ne pas écouter mes conseils et de ne pas donner franchement un coup de barre <u>à droite</u>. On m'a dit aussi que dans le milieu protestant on connaissait bien les infortunes du malheureux Couthon.

Crois bien, Mon cher Paul, à mes sentiments les plus dévoués en N.S.

F. Aupiais.

P.S. Je n'ai pas trouvé la copie de l'étude musulmane dans mes papiers. Bernard a dû oublier de m'en remettre une copie. Je n'ai pas oublié les souscriptions dont tu m'as remis les noms.

Lettre 34

À bord du Hoggar, le 27 Octobre 1926

Mon cher Paul

Je viens d'écrire une petite carte à tous ceux qui ont bien voulu mettre leur nom sur la liste de souscription pour mon voyage. J'enverrai ces cartes de Marseille où nous arriverons après-demain vendredi. Je termine ces remerciements en t'exprimant tout ma gratitude pour la délicate pensée que tu as eu d'organiser cette souscription. Il m'est inutile de m'étendre longuement sur ce sujet car tu sais combien j'estime ton bon cœur et ta fidélité à ceux qui te font du bien. Puissent toutes tes bonnes actions être des prières agréables au Seigneur qui te mériteront après ses bénédictions, ses grâces qui sont supérieures aux bénédictions, de la supériorité qui sépare les choses du Ciel des biens de la terre.

J'ai vu Casablanca qui est une ville fort belle et où j'ai retrouvé un prêtre, ancien camarade d'études et grand ami de ma jeunesse.

Notre voyage a été marqué par quelques petits incidents qui m'ont fait regretter de n'avoir pas écrit un journal de bord.

J'ai un peu travaillé, mais pas suffisamment.

Le Père Perrin a-t-il reçu mes 2 articles envoyés de Dakar <u>sous pli recommandé</u> ?

Je t'écrirai de France aussitôt que j'aurai vu Monsieur Delafosse et peut-être avant. Envoyez-moi le Bulletin chaque quinzaine de Porto-Novo ou de Cotonou.

Crois bien, Mon cher Paul, à mes sentiments les plus dévoués en N.S.

F. Aupiais.

P.S. Je tâcherai de voir le Directeur de la Revue Africaine à Paris avant d'écrire à Madame Gouet.

2. Lettres de congé et de provincialat (Novembre 1926 - Février 1931)

Lettre 35

Paris, le 19 Novembre 1926

Mon cher Paul

J'ai bien reçu tes deux lettres et les 50 bulletins. Je crois me rappeler que dans l'une de mes lettres écrites en mer, je t'ai demandé de ne m'envoyer qu'une dizaine de N°. Je me suis trompé, il vaut mieux que tu m'envoies ces 50 n°.

Je ne sais pas jusqu'à quel point un imprimeur est autorisé à imprimer la prose d'un particulier, sans aucune déclaration de fondation de périodique. Wenceslas pourrait peut-être se méfier un peu d'autant plus qu'un jour ou l'autre *Alex d'A.* fera bien quelque allusion à des personnes ou à des institutions...

Monsieur Delafosse est mort quelques jours après mon arrivée à Paris. Je n'ai pu le voir malgré mes démarches. C'est une grosse épreuve pour notre œuvre. Mais ne désespérons pas. Je n'ai pas perdu courage et j'ai entrepris immédiatement de me faire connaître par d'autres personnes. Ces jours-ci, je suis occupé uniquement à faire des visites. Quelle sera l'issue de tous ces tracas ? Je l'espère <u>bonne</u> et très <u>bonne</u> et je compte bien te le faire savoir <u>sous peu.</u>

Je crois bien que je te parlerai bientôt de ton livre sur le Pacte.

Je me méfie de certaines personnes qui ne s'intéressent à nous que pour leur propre avantage. Le papier est cher partout. Nous ne pouvons pas éviter cela, mais je cherche à obtenir du crédit pour Wenceslas.

Le père Perrin a dû recevoir un article du Petit Marseillais qui constituera l'éditorial du 15 décembre. L'éditorial du 1er Janvier partira ces jours-ci.

Je perds beaucoup de temps en visites, mais cela est nécessaire. D'ailleurs ma santé est excellente et je puis me fatiguer en courses nombreuses sans en ressentir aucun malaise.

Peux-tu m'envoyer quelques détails sur le <u>mariage</u> ? Ces renseignements me manquent beaucoup.

Douze Stylistiques partiront demain matin (20 courant). Je t'en ferai connaître les prix d'achat et d'expédition.

Toutes les personnes que j'ai vues jusqu'ici admirent beaucoup la Reconnaissance. Mais j'ai beaucoup de choses à te dire à ce sujet. Prends patience.

Salue bien Wenceslas et François.

Mes caisses sont arrivées et paraissent intactes. Leur transport m'a coûté plus de *(2.000 ?)* Frs.

À bientôt. Bon courage et confiance.

F. Aupiais.

Dans les marges :

1ère page : Le 16 Décembre, je ferai une Conférence à la Société de Géographie de Lille.

2ème page : Je commence à choisir des livres et je vous en enverrai bientôt. Le N° du 15 est très bien. Les proverbes sont très intéressants.

P.S. Je n'ai pas retrouvé dans mes malles ton travail sur les origines de Porto-Novo, ni celui sur les Musulmans. Mon secrétaire a dû les oublier. Peux-tu m'envoyer un exemplaire de l'un et de l'autre.

Ce matin je vais voir le Secrétaire Général de l'Institut d'Ethnologie. Je vais parler de tes travaux sur Abomey et sur le Pacte.

Je crois qu'il serait bon que tu publiasses le commencement de ton travail sur le Pacte dans la R.A. pour donner une idée de l'importance et de la valeur de ce travail. D'ailleurs, je serais très heureux que tu traitasses un sujet vraiment documentaire à la suite du récit du voyage à Dassa. Lequel récit si agréable et intéressant qu'il soit ne fait pas comprendre aux lecteurs européens combien tu es documenté sur les mœurs du pays et sur les religions. Il te sera facile de préparer, compléter, de mettre au point quinzaine par quinzaine, ou mois par mois, 2 pages de la R.A. en petits caractères, ou en corpus 10, sur ce sujet. Mets-toi donc à l'écrire immédiatement. J'écrirai au Père Perrin dans ce sens aussitôt que je serai allé à l'Institut d'Ethnologie.

Lettre 36

Paris, le 20 Novembre 1926

Mon cher Paul

Les livres sont partis et tu trouveras ci-joint le récépissé des 3 colis, qui ont coûté 16 Frs, 15. Les livres reviennent à 197, 40 (16 F, 45 pièce). Ce n'est pas bon marché, comme tu le vois.

Je n'enverrai pas d'autres exemplaires avant de savoir si vous pourrez les vendre (à 20 F. au moins). Les livres, en général, sont hors de prix (en raison du prix du papier.)

Je suis allée ce matin à l'Institut d'Ethnologie (rue St Jacques) où j'ai été conduit par Mr Labouret et reçu par le Dr Rivet[29], Secrétaire Général de l'Institut. J'ai été très bien reçu. On me fera faire une communication aux membres de l'Institut (des sommités). On me favorisera pour l'exposition que je prépare et on imprimera tout ce que j'ai à faire paraître au nom de la R.A.

J'ai parlé de ton livre sur le Pacte[30]. Mais on veut que je remette le manuscrit à l'Institut tout en réservant ton nom et tes droits d'auteur. Ces Messieurs d'ailleurs n'ont pas l'air de croire que ton livre est aussi supérieur que je veux bien le dire.

Je crois que tu devrais commencer la publication des premiers chapitres ou de quelques chapitres dans la R.A. pour leur donner une idée de ton travail. Je te dirai dans quelques jours ou dans quelques semaines si tu dois me l'expédier. En tous cas, revois-le, fais-le taper en double ou triple exemplaire.

Je dois voir des savants allemands dans le courant de Décembre.

Nous devrons envoyer une collection de notre Bulletin à Anthropos[31]. J'arrangerai cela.

Prends courage, Mon cher Paul, car nous allons vers un grand avenir.

Crois bien, Mon cher Paul, à mes sentiments les plus dévoués en NS.

F. Aupiais.

---

[29] Paul Rivet (1876-1958), ethnologue, à l'origine du Musée de l'Homme à Paris.

[30] *Le Pacte du Sang au Dahomey*, de Paul Hazoumê paraitra à l'Institut d'Ethnologie en 1937 (Tome 25 des Travaux et Mémoires).

[31] *Anthropos*, revue internationale d'anthropologie et de linguistique, fondée en 1906 par le père Wilhelm Schmidt (Sankt Augustin, Allemagne).

P.S. Demain, je passerai une grande partie de l'après midi chez Mr Labouret qui est très gentil pour moi et qui cherche à remplacer Mr Delafosse.

J'ai montré à Mr. Rivet une statue documentaire d'Assogba ; il était enthousiaste.

P.S.S. Communique cette lettre au R^d Père Perrin.

Lettre 37

Paris, le 11 Décembre 1926

Mon cher Paul

J'étais un peu inquiet à ton sujet. F. d'Oliveira m'avait écrit que tu étais malade, je ne recevais aucune lettre, pas même les Bulletins. Un colis arrivé hier a remis tout en place. J'ai tout reçu, les 25 N° + les 3 du 15/10, le rapport sur les Musulmans et ta bonne et longue lettre.

Je viens d'écrire à Mr Réteaud pour le remercier et le féliciter de son article. J'ai joint à ce mot un passage d'une lettre que j'ai reçue d'un planteur à qui cet article a ouvert les yeux sur les méfaits de la larve.

Il faut un peu de temps pour se faire connaître en France et à Paris. Mais j'y arriverai peu à peu. Déjà les résultats obtenus sont assez satisfaisants. Hier en particulier j'ai vu Mr. Terrier, le directeur de la revue « l'Afrique française » qui va nous consacrer un article dans sa revue que le Père Fechter[32] reçoit et qu'il pourra te prêter. Hier encore, j'ai eu un long entretien de 2 heures avec Mr Lévy-Bruhl[33] qui est académicien et un

---

[32] Albert Fechter, né en 1889 à Obermorschweier (Haut-Rhin), ordonné prêtre des Missions Africaines en 1914, missionnaire au Dahomey à Abomey et Dassa-Zoumê, décédé à Cotonou en 1942.
[33] Lucien Lévy-Bruhl (1857-1939), sociologue et anthropologue français.

homme éminent. Avant-hier, j'ai passé une grande partie de la soirée ave Mr Hardy[34] qui a été nommé directeur de l'École Coloniale et qui veut apporter de grandes réformes dans cette école.

Notre petite Reconnaissance si peu connue et appréciée au Dahomey me vaut ici des louanges sans fin. Nous ne nous sommes donc pas trompés, nous pouvons avoir confiance, continuons notre sillon avec courage, les plus beaux espoirs nous sont permis.

J'apprends que Mr Trautmann[35] va faire paraître un livre sur le folklore dahoméen. Je t'enverrai ce livre aussitôt qu'il sera paru.

Excuse-moi, et prie Wenceslas de m'excuser, si je ne vous donne pas entière satisfaction, mon temps est beaucoup plus employé que je ne l'avais prévu et les communications sont lentes à Paris quand on n'a pas qu'à sortir et que pour une sortie il faut prendre la moitié au moins d'une demi-journée. Soyez persuadés en tous cas que je ferai l'impossible pour vous aider et soutenir la revue. Après ma conférence de Lille 16 Décembre et mes prédications de Nantes (19 Déc.) je m'occuperai de faire pour Wenceslas les commissions que tu m'as confiées. J'espère obtenir les résultats que vous espérez.

Je pense que le papier va diminuer, si ce n'est déjà fait. Je désirerais que Wenceslas continuât ses commandes lui-même en attendant que je sois mieux installé en France. D'autre part, si le papier baisse nous pourrions peut-être diminuer le prix

---

[34] Georges Hardy (1884-1972), directeur de l'enseignement en AOF à Dakar où il a connu Francis Aupiais pendant la guerre de 1914-1918. Tous les deux nouèrent des relations d'amitié, et G. Hardy écrivit au décès du père un ouvrage : « *Un apôtre d'aujourd'hui – Le Révérend Père Aupiais* » (éd. Larose, Paris, 1949).

[35] René Trautmann (1875-1956), médecin militaire, publie en 1927 « *La Littérature populaire à la Côte des Esclaves (contes – proverbes – devinettes)* » à l'Institut d'Ethnologie (Travaux et Mémoires n° 4).

des abonnements. Il y a une presse à vendre à notre Maison-Mère ; il y aura peut-être d'autres occasions encore, ne nous pressons donc pas trop. D'ailleurs, j'écrirai à Wenceslas à la fin du mois.

Je t'ai déjà écrit au sujet de tes livres. Mon avis est qu'il faut commencer par (?) le Pacte. Si tu as une copie, envoie-la moi comme je te l'ai déjà commandé.

J'ai parlé à Mr Lévy-Bruhl de la nomination d'un conservateur à Abomey, cette idée fera son chemin. Nous sommes au commencement de bien des choses, prenons patience. Ton roman historique pourra aider à te faire désigner.

Je te remercie des nouvelles que tu me donnes. Sois <u>très très</u> prudent pour ce qui est du (*libéré ?*) provisoirement. Cet homme a très mauvaise presse. Je suis à peu près persuadé qu'il a été indélicat en matière financière.

Mr Ferris ne m'a pas remis d'article, excepté celui de G. Ouessou qui n'était qu'un préambule et que j'ai dû laisser comme tout le reste au Père Perrin. Dis bien à François et Wenceslas, à tous nos collaborateurs et aux meilleurs de nos amis que je ne les oublie pas et que je prie souvent pour eux dans les visites aux belles Églises de France.

Je t'ai reconnu, Mon cher Paul, dans la phrase qui commence ta lettre du 12 Novembre : « *Tout ce qu'on vous a raconté sur l'affaire de Couthon est vrai* ». Ta loyauté et ton courage ne peuvent aller sans un autre sentiment : le juste sentiment de ta situation chrétienne et de ta responsabilité professionnelle. C'est pourquoi je te garde ma confiance et mon estime en attendant les jours bénis où nous pourrons aimer ensemble la Sainte Eucharistie comme nous aimons tant de personnes et tant de choses ensemble. J'ai appris cela – incidemment - de Mr. Westphal qui voulait – je crois, me 'piquer' à propos de la Reconnaissance. Je ne pouvais pas ne pas faire allusion dans les lettres que je t'écrivais à une chose aussi grave.

Si tu vois quelqu'un de Porto-Novo, fais bien saluer Gbenou et ta famille de ma part.

Mon exposition n'est pas encore prête mais cela viendra peu à peu.

Crois bien, Mon cher Paul, à mes sentiments les plus dévoués en N.S.

F. Aupiais.

P.S. Les bandes imprimées font le meilleur effet. D'ailleurs l'impression générale est parfaite et on ne comprend pas que des Noirs arrivent à un tel résultat. Félicitations à Anselme.

Lettre 38

Paris, le 2 Janvier 1927

Faites paraître dans la Reconnaissance que l'adresse de la Procure à Paris où je réside n'est plus le n° 293 de la rue de Vaugirard, mais 194 de la même rue.

Mon Bien cher Paul

Excuse-moi de ne pas t'écrire aussi souvent que tu le désires et qu'il le faudrait, ma vie est beaucoup plus compliquée que je ne l'avais prévu et l'on ne peut pas faire beaucoup de visites à Paris dans une journée. Mes voyages à Nantes m'ont beaucoup dérangé et ont nui extrêmement à mon travail.

Fais bien comprendre à Wenceslas que tout baisse en France et qu'il est difficile et imprudent d'acheter parce que l'on ne sait pas si cette baisse ne va pas continuer. Dis-lui que j'ai visité un atelier d'imprimerie ces jours derniers et j'y ai vu une machine actionnée par un petit moteur, qui est une pure merveille. Dans cette imprimerie, l'on m'a donné aussi des noms de livres, livres très utiles pour des imprimeurs. Mais en ce moment et pour le mois de Janvier tout entier ou presque, il m'est impossible de m'occuper de ces questions.

Car je prépare mon Exposition. Que d'ennuis et de difficultés j'ai dans tout cela, Mon cher Paul. Il aurait fallu 6 mois pour me créer des relations et me faire connaître. L'Exposition aura lieu le 17 ou le 31 Janvier. Je voudrais préparer une belle inauguration avec la présence d'hommes éminents et un discours ou deux. Je voudrais aussi des comptes rendus très étendus et très flatteurs dans la Presse, réussirai-je tout cela ? Je l'espère avec le secours de Dieu. Prie et fais prier pour moi, mon cher Paul.

J'ai l'espoir que j'arriverai aux résultats que je poursuis, parce que l'on est surpris et ravi de m'entendre dire tant de bien des Noirs. À Lille, où j'ai fait une Conférence à la Société de Géographie, j'ai eu un peu de succès et les assistants n'en revenaient pas d'entendre tant de bien des Indigènes. À Nantes aussi, dans toutes mes prédications, j'ai exalté les Dahoméens.

Je complèterai ce que j'ai encore à te dire à ce sujet aussitôt que l'Exposition sera prête.

Je n'ai pas encore vu les devis de Madame Gouet parce qu'à Paris il faut prendre des rendez-vous avant de rendre visite aux gens, et cela devient bien compliqué. Mes visites à ces personnes seront pour cette semaine et ma lettre à Madame Gouet, aussitôt après. Je trouve que cette dame est bien bien bonne. Je lui témoignerai un jour ma reconnaissance comme il convient. J'ai recherché Monsieur Sableau mais on m'a dit qu'il était retourné au Sénégal.

Je pense que dans l'« *Afrique Française* » de Janvier il y aura un article de Mr Terrier sur la R.A. Je vais demander au Père Perrin de l'envoyer à Cotonou pour que vous le publiez.

Je vais suivre les cours d'Ethnographie à l'Institut 2 fois par semaine. Car il faut que je m'instruise pour donner plus tard une nouvelle impulsion à notre Bulletin qui doit vivre <u>à tout</u>

prix et se développer tellement notre travail est apprécié en France.

J'ai écrit à Mr Réteaud pour le remercier.

Je vois couramment Mr Lévy-Bruhl à qui j'ai promis de montrer ton livre sur le Pacte. Recopie-le et envoie-le moi comme je te l'ai commandé déjà. Ce Monsieur est très gentil pour moi et très dévoué à notre initiative. Je dois entrer cette semaine en relations avec Mr Mauss[36] qui est un grand professeur d'Ethnographie.

Tu avais raison de m'envoyer de nombreux bulletins, 25 ou 30. Je suis très ennuyé depuis que tu ne m'envoies que le nombre que je t'ai commandé, 10 ou 12. Si c'est possible, complète ce nombre de 25 ou de 30 pour les derniers N° (à partir du 1er Novembre et y compris le 1er Novembre), et continue à m'envoyer 30 Bulletins.

Il faut que Wenceslas diminue le prix parce que le papier baisse, comme tout le reste. La question des clichés pour la couverture est pendante. Mais je la reprendrai et je la solutionnerai.

Je t'envoie un spécimen du catéchisme espagnol. Le Père Pelofy[37] a fait un beau travail à ce sujet et il s'agit vraiment du Mina. Mr Delafosse avait fait beaucoup de fautes de traduction que le Père Pelofy a rectifiées.

---

[36] Marcel Mauss (1872-1950), neveu d'Émile Durkheim, fondateur de l'Institut d'Ethnologie avec P. Rivet et Lévy-Bruhl, père de l'anthropologie française.

[37] Isidore Pelofy, né à Belcaire (Aude) en 1874, ordonné prêtre en 1900 dans son diocèse, membre des Missions Africaines en 1904, missionnaire surtout à Agoué, décédé en 1953 au Grand séminaire de Ouidah. Dans cette lettre, le père Aupiais témoigne de sa connaissance de la langue mina.

Mr *(Gallin ?)* va au Cameroun ; il est démissionnaire ou du moins en disponibilité.

Je revois souvent Mr Hardy, et cela est très intéressant pour moi. Le directeur du *Monde Colonial Illustré* va devenir notre Ami.

Quelles sont les revues dont vous avez reçu des exemplaires ?

Mr Lévy-Bruhl qui est tout puissant croit qu'il serait facile que tu fusses nommé Conservateur à Abomey. Cette idée lui plait beaucoup.

Bonne, heureuse et sainte année. Amitiés à tes parents et à nos amis. Sentiments affectueux.

F. Aupiais.

1ère ligne : texte espagnol.- 2ème : texte Gen (XVIIème siècle.- 3ème ligne : texte reconstitué par Mr Delafosse en Gen moderne. 4ème ligne : traduction Delafosse ?

(sans doute le texte que le Père Pelofy a revu et auquel il fait allusion ci-dessus)

Todo fiel christiano Esta muy obligado
Nipopo Sebadu Ete enuaco
Ni Popo se bo duE te emu axo
Nous Popo loi pour Pays Elle presse chose grande (-ment)

A tener devoción De tado corazón
Hee debusionnique tu e gi
Xê (debocion) ni (pour nu e) ke tu e dji
Tenirà lui-même serrer cœur

De Christo nuestra luz Pues en ella
Lisa gue mitoauta nai
Lisa gbe mitoaunta n'ai (pour ne ai)
Jésus bon nôtre surtout pour attention

Quiso morir Por nos redimir
Ere que cunas a lo e

Elek'e kun'a wo (pour ne a wo) aupo
Comment il est mort pour que fasse guérir

De nuestro pecado
Magno nuque gnan
E ma gnon nu ke gban
Mal chose même détruire.

Lettre 39

Paris, le 7 Février 1927

Mon cher Paul,

Je suis très fatigué, un peu malade, d'où mon retard à t'écrire après les grands évènements de la semaine dernière.

Quel succès, Mon cher Paul, quel beau succès pour le Dahomey. Le Ministre des Colonies a répondu aux paroles que je lui adressées par un petit discours qui a étonné tous les assistants, tellement ce discours était empreint de sincérité et de sympathie. Beaucoup de journaux ont parlé de l'Exposition. Beaucoup de bulletins en parleront encore.

Désormais la Reconnaissance Africaine est connue, et bien connue, je puis dire de l'Europe entière, parce que j'ai parlé d'elle au poste de radiophonie de la Tour Eiffel, qui, comme tu le sais, est écouté dans des centaines de millions de postes en famille.

Je t'écris à la hâte.

Soyez encouragés tous, M. Wenceslas et ses collaborateurs, les grands séminaristes à qui je te prie de communiquer ces bonnes nouvelles en attendant que je leur écrive moi-même (MM. Gabriel Kiti, Thomas Mouléro).

Je crois que je vais recommencer mon Exposition dans les villes de Province. Déjà on me sollicite parce que je suis devenu une notabilité coloniale. Le succès a dépassé mes espérances. Mr Hardy a écrit un très bel article à mon sujet pour le N° de Mars du Monde Colonial Illustré.

Mon cher Paul, tu ne peux guère te représenter la somme de travail et de réflexion que représente le succès que j'ai obtenu.

Il faut remercier la Divine Providence de toutes les faveurs que j'ai obtenues.

Reproduisez quelques articles des journaux qui parlent de l'Exposition en éliminant ce qui est à éliminer, en attendant que je vous envoie des articles, ce qui ne pourra tarder.

Je répondrai prochainement à ta dernière lettre.

Bon courage plus que jamais.

La Reconnaissance Africaine est entrée dans l'histoire littéraire coloniale.

Envoyez-moi 40 N° à chaque expédition, peut-être 50 si c'est possible.

À bientôt.

Je te suis très affectueusement dévoué en N.S.

F. Aupiais.

Lettre 40

Marseille, le 14 Février 1927

Mon cher Paul

Je t'envoie aujourd'hui dans une caisse qui arrivera par le Madona 36 Stylistiques. Je me suis adressé à de Gigord et j'ai obtenu une réduction de 20%.

J'ai été fatigué après le surmenage de l'exposition. Cela va un peu mieux. Je suis même assez bien pour entreprendre un long voyage comme celui de Marseille où je me trouve en ce moment pour embarquer Mlle Théodora Campos et pour négocier un projet d'exposition dans la cité phocéenne.

Je vais être très occupé ces jours-ci par l'expédition de 2.000 « Monde Colonial Illustré » que j'ai achetés pour commencer une collecte. Mr Hardy a signé un très bel article, que je n'ai pas encore lu dans ce Numéro qui paraîtra le 1er Mars.

Je vous signale que vous pouvez reproduire les articles de l'Écho de Paris[38] (2), de la Croix (3) et la Dépêche Coloniale[39] (1) du Journal (1) des Annales Coloniales[40] (1).

Le succès de l'Exposition continue et m'ouvre toutes les portes. On m'a retenu pour une Grande exposition coloniale qui aura lieu à Paris à la fin du mois de Mai. Je vais t'écrire à ce sujet parce que je veux t'envoyer des disques pour enregistrer des chants.

Je n'ai pas eu le temps d'écrire aujourd'hui au Père Perrin.

Dis-moi ce que l'on pense au Dahomey du succès de l'Exposition que je vais compléter en faisant 3 ou 4 conférences à la Tour Eiffel, où je dis du bien au monde entier du Dahomey.

Je n'ai pas encore revu le Ministre.

Je voudrais bien que tu saches ce que disent les Messieurs de l'Administration et les Pères des derniers évènements, en particulier Monseigneur et Monsieur le Gouverneur.

Je te suis très affectueusement dévoué en N.S.

F. Aupiais.

---

[38] *L'Écho de Paris* a vu le jour en 1884.
[39] *La Dépêche Coloniale* a vu le jour en 1900.
[40] *Les Annales Coloniales* ont vu le jour en 1900.

Félicite encore une fois Marcellin et tous les collaborateurs à qui je te prie d'écrire en mon nom, pour leur dire la belle place que nous occupons. Et ce n'est pas fini !

Lettre 41

Paris, le 26 Mars 1927

Mon cher Paul

Quelle triste et décourageante nouvelle que celle de la mort de notre cher Wenceslas ! J'ai écrit immédiatement un article qui paraîtra dans la Reconnaissance, si la Reconnaissance peut encore paraître ! Nous avions tout prévu, excepté ce qui est arrivé ! Nous pensions que les rédacteurs manqueraient et c'est l'imprimeur, notre cher imprimeur, qui disparaît. Au reçu de ton télégramme (que je n'ai trouvé ici qu'à mon retour de Marseille) j'ai câblé moi-même au Père Fechter pour le prier de s'adresser au Gouvernement. Il m'a répondu hier soir : Gouvernement impossible. Qu'allez-vous faire ? Peut-être quelqu'un se trouvera-t-il pour diriger les affaires de Wenceslas et alors la R.A. continuera. Peut-être Da Silva pourrait-il assumer la responsabilité de l'impression de notre bulletin en engageant un typographe. Je suis bien inquiet et je le serai jusqu'aux prochaines lettres que le Père Perrin et toi m'écrirez. J'espère cependant que vous trouverez une solution soit à Cotonou s'il y a une succession Wenceslas, soit à Porto-Novo par da Silva, soit à Ouidah, à la Mission. Si vous ne trouvez rien de ce côté le mieux sera de s'adresser à Lomé et <u>rendre le Bulletin Mensuel.</u> Cela sera très bien accepté, et nous attendrons ainsi des jours meilleurs. En tous cas, il faut que le Bulletin vive ! S'il a une âme, ses rédacteurs, il ne manquera qu'un corps, l'impression, nous trouverons cette enveloppe matérielle.

J'irais trouver le Ministre des Colonies si je savais que Mr Fourn a refusé. Mais le père Fechter m'a câblé qu'il était impossible à l'imprimerie du Gt de nous imprimer. Quelle impossibilité est-ce ? Temps ? Matériel ? Personnel ?

Je te suis bien reconnaissant, Mon cher Paul, de m'avoir câblé. Je puis ainsi m'occuper de vous, et j'ai pu aussi célébrer dès le lendemain une Messe pour notre pauvre Ami. L'épreuve nous atteint au milieu du succès ! Il n'y a pas de joie sans mélange ici-bas.

J'attends avec impatience la prochaine lettre où tu me parleras de l'impression qu'a produite au Dahomey le succès en France de l'Exposition des Arts Décoratifs Dahoméens. Je puis t'envoyer le N ° de Mars du Monde Colonial. Je serais d'avis qu'un certain nombre de jeunes gens, de préférence des Instituteurs, écrivissent à Monsieur Hardy une lettre collective pour le remercier de ce qu'il a dit de l'Art Dahoméen, de la Jeunesse Dahoméenne et même du Père Aupiais. Son adresse est : 2 rue de l'Observatoire (Directeur de l'École Coloniale).

J'ai écrit au Père Perrin en lui envoyant de nombreux documents avec lesquels vous pourriez faire un beau numéro spécial. J'ai dit aussi au Père Perrin de demander à Mr Saintot des coupures de journaux, notamment celles qui rendent compte de mes conférences de Nantes, de Nancy, de Marseille qui contiennent de véritables apologies du Dahomey.

J'ai beaucoup à te dire. Mais je suis si occupé ! Je ne prends pas une heure de repos : en ce moment, je prépare :

    1° Une Exposition à Nantes
    2° Une Exposition à Marseille
    3° Une Exposition à la Foire de Paris
    4° Une Exposition à Lyon
    5° Une Exposition à la Semaine Coloniale de Paris
    6° Une participation à un congrès féminin à Paris

7° Une Conférence à un Groupement de Journalistes Catholiques

8° Une participation à une Semaine de Missiologie, etc. etc.

Et il faut pendant ce temps m'occuper de mes souscriptions !! Je travaille plus ici qu'à Porto-Novo.

Je ne comprends pas que des jeunes gens comme celui d'Athiémé puissent dire que je ne dis pas du bien du Dahomey. J'ai rendu le Dahomey célèbre en France et d'une célébrité de bon aloi. Cependant je dois dire qu'un article d'un journal de Lille rendant compte de ma conférence a pu prêter à équivoque. Le journaliste qui a écrit cet article n'avait même pas assisté à la Conférence. Je l'ai appris au Journal lui-même.

Excuse-moi, Mon cher Paul, de n'avoir pas écrit plus souvent depuis 2 mois. Prends pour tes lettres de moi tous ces articles de journaux qui parlent de mon Exposition.

Je pense tous les jours à vous, dis-le bien à Mr Thomas Mouléro et à Mr Gabriel Kiti. Je lirais la Reconnaissance presque à genoux quand je la reçois tellement je suis heureux de voir comment vous continuez le sillon. Continuez à travailler parce que vous avez entrepris une œuvre d'une portée incontestable.

Écris-moi toujours aussi fidèlement, aussi longuement.

Nos ennuis auront une fin. Déjà nous pouvons dire que nous avons récolté autant que nous avons semé, sinon plus. Et je ne parle pas des récompenses que nous aurons méritées selon la Foi.

Excuse-moi auprès de ceux qui attendent des réponses de moi.

Crois bien, mon cher Paul, à mes sentiments les plus affectueux en N.S.

F. Aupiais

Nantes, le 11 Avril 1927

Mon bien Cher Paul

Je suis en pleine exposition ; cependant je veux t'écrire quelques mots et même t'envoyer quelques journaux d'ici pour te donner une idée de ma propagande mélanophile ! Je suis en train de changer les idées des Français au sujet des Noirs de nos Colonies, et ma campagne ne rencontre aucune difficulté, au contraire, on est généralement heureux de voir que les Indigènes de l'A.O.F. valent bien mieux que leur réputation.

Mon exposition a été un très gros succès. Comme je voudrais que tu entendes toutes les bonnes réflexions qui se font autour des Stands.

Je t'ai écrit par le précédent courrier et en réponse à tes câblogrammes. J'ai hâte d'avoir de vos nouvelles, mais j'ai confiance que les choses vont s'arranger. Pauvre Wenceslas, je ne me console pas de l'avoir perdu. Comme il faut lutter dans cette vie, surtout pour faire le bien. Il y a là un mystère qui fait partie des raisons qui expliquent l'existence de Dieu. J'ai envoyé au père Perrin un article nécrologique, un peu hâtivement fait. Cet article paraitra-t-il ? J'espère que oui et que vous aurez trouvé un imprimeur à Lomé tout au moins.

Je serai très occupé jusqu'à la fin de Mai, comme je crois te l'avoir dit : Expositions, après celles-ci à Marseille, à Lyon et encore à Paris. Ces temps d'exposition sont bien durs pour moi. Toute la journée je reçois les visiteurs. Je parle, j'explique, c'est une leçon de choses et qui se renouvelle 100 fois !! Mais c'est du bon travail. Je t'envoie : 4 Échos de la Loire, 7, 8, 9, 12 Avril. 2 Phare de la Loire, 8, 11 Avril.

Sentiments très affectueux.

F. Aupiais.

Marseille, le 24 Avril 1927

Mon cher Paul

Je reçois ici ta lettre du 1er Avril.

Depuis que tu m'as écrit tu as dû recevoir le N ° du *Monde Colonial*[41] que je t'ai fait adresser. Je suis étonné que tu n'aies pas reçu, des premiers, cette revue parce que j'avais envoyé ton adresse à la Direction. Je serais étonné si tu n'avais pas reconnu mon écriture sur le N ° que tu as reçu. L'administration du *Monde Colonial* n'a pas dû faire partir les 150 n° pour lesquels j'avais fourni et écrit ces adresses aussi vite que les siens.

Tu me dis que je te sacrifie à mon travail en France. Hélas ! Je m'y sacrifie le premier, j'y sacrifie ma famille, mes amis. J'ai passé à peine 6 jours dans mon pays natal, et je n'ai pas pris un jour de congé. Chaque jour, ce sont des voyages nouveaux, des démarches nouvelles. Je viens d'arriver ici pour organiser une Exposition. J'étais à Nantes au commencement de ce mois pour une Exposition également. Tu ne penses guère te représenter, Mon cher Paul, le travail que me demande la propagande que j'ai entreprise. Tous mes confrères ont pitié de moi, parce que personne n'a jamais fait face à un tel labeur en revenant de Mission. Et en effet je fais pitié, parce que je vis dans le souci constant de trouver des ressources. Tes reproches ne m'ont pas surpris parce que tu ne connais pas la France et ils ne m'ont pas peiné parce que j'ai compris qu'en les formulant tu cédais à une pensée de découragement. La mort de notre ami ne t'a pas seulement causé une grande douleur et une douleur bien légitime, tu as manqué un peu de courage, ou du moins de confiance, non pas pour la R.A. mais pour toi-même. Il t'a

---

[41] *Le Monde Colonial Illustré*, fondé en 1923, devenu par la suite "France-Outremer ».

semblé que si Wenceslas avec son dévouement à la revue n'avait pas mérité de prolonger ses jours, il paraissait inutile d'accumuler de bonnes actions, telles que les dépenses de toi-même que tu avais faites pour le bulletin. Ne pense pas ainsi, mon cher Paul. Comme je te l'ai écrit : les desseins de Dieu sont impénétrables.

Je m'excuse pour les lunettes, mais prends patience, je te les enverrai.

Quant aux stylistiques, il faut que je retourne à Paris pour te les envoyer. Quand je serai un peu moins occupé, je t'enverrai aussi des « Sources » et beaucoup d'autres livres. En ce moment je m'occupe beaucoup de trouver du personnel et des ressources pour un Collège à Porto-Novo. Mais je ne veux pas te parler encore de cela, parce que rien n'est encore définitif.

La Sœur Paulin qui part d'ici le 30 Avril emportera 20 Pèlerins et 10 « *Monde Colonial* » ainsi que le Livre de Saint Paul de Baumann[42] pour toi. Les Pèlerins sont pour toi, pour Zounon[43] et les membres du Comité Gounou, en particulier A. Agboton, Padonou, Kouthon, André Padonou. Tu disposeras des N° du *Monde Colonial* comme tu l'entendras. (*Fais 20* ?) envois si Zounon a reçu le sien.

Je serais bien content que Zounon écrive une lettre au *Pèlerin*[44] qui a été gentil pour lui. Je vais écrire au Père Perrin à ce sujet.

Je t'ai envoyé quelques N° des journaux de Nantes qui ont parlé de mon Exposition. Je t'enverrai ceux de Marseille et je compléterai ceux de Nantes. Tu seras documenté ainsi sur la

---

[42] *Saint Paul* de Baumann, éd. Grasset, 1925.

[43] *Zounon*, étymologiquement ce nom signifie possesseur/*no* de la forêt/*zun*. On le traduit souvent par « *roi de la nuit* », parce qu'à l'opposé du roi officiel qui règne le jour, le *zounon* ne peut sortir que la nuit pour ne pas rencontrer son homologue diurne.

[44] *Le Pèlerin*, magazine hebdomadaire catholique, fondé au 19ème siècle par les Pères Assomptionnistes (éd. Bayard Presse).

campagne que je mène. Je t'enverrai aussi un N° de la Revue des (*Sciences ?*).

Le Dahomey est devenu célèbre et célèbre de la bonne manière.

Tu me parles de mon discours au Ministre, mais je te l'ai fait parvenir en t'envoyant l'Écho des Missions[45]. Tu trouveras ce discours dans l'*Écho de la Loire*, n ° du 8 Avril, mais les « points » de ce discours sont mal disposés dans … (*illisible*).

J'ai rencontré le Ministre des Colonies, samedi dernier, ici, il a été très gentil avec moi et m'a causé comme à un ami.

Je fais beaucoup de projets pour plus tard. J'espère en particulier te faire nommer à Abomey, comme conservateur. Mr Lévy-Bruhl qui est mon grand ami m'appuiera.

Aie confiance, Mon cher Paul, nous avons trouvé le succès, le grand succès, et ce n'est pas fini.

Pour le Bulletin, je suis sûr que les Pères de Porto-Novo, Monseigneur et toi vous trouverez le moyen de le faire imprimer. Avant de partir de France (ce n'est pas prêt) je me munirai de matériel pour notre imprimerie. Je t'écrirai bientôt à propos des disques.

Je te le répète : confiance, confiance.

Crois bien, Mon cher Paul, à mes sentiments les plus dévoués.

F. Aupiais.

Donne à François Akitunde un N° du *Monde Colonial*. Il ne m'écrit plus … Veux-tu saluer Mme (*Marco ?*) de ma part et dire à sa fille que j'attends une lettre d'elle ?

Mes félicitations pour l'éducation civique que tu donnes à tes élèves en leur lisant le *Monde Colonial*. Écrirez-vous à Monsieur Hardy comme je t'avais parlé ?

---

[45] Sans doute l'*Écho des Missions Africaines de Lyon*, fondé en 1902.

Lyon, le 20 Mai 1927

Mon cher Paul

Je t'envoie mes deux discours de Marseille et de Lyon et j'envoie au Père Perrin le Discours du Président de la Chambre de Commerce de Lyon. Je lui adresse aussi quelques journaux. As-tu reçu les journaux que je t'ai envoyés de Nantes et de Marseille ?

Mon cher Paul, quel travail je fais pour la réhabilitation des Indigènes de l'Ouest Africain ! Et quel bon accueil je reçois du public français qui est enchanté d'entendre parler de « civilisation dahoméenne ».

Le 10 Juin je serai à Londres pour assister à un Congrès international des Langues Indigènes.

Tiens-moi au courant de ce que Monseigneur entreprend et désire entreprendre pour le Bulletin. Dis-moi tout.

Sitôt l'Exposition de Lyon terminée, je vais la semaine prochaine à Paris prendre part à la Semaine Coloniale avec les Arts Décoratifs Dahoméens.

Excuse ces quelques mots et crois à toute mon affection et à mon dévouement.

F. Aupiais.

Je n'ai pas un jour de repos.

Panégyrique du Père Papin[46] mort au combat le 24 Décembre 1914 à La Boisselle (Somme), pendant la guerre 1914-1918. Elle est envoyée de Lyon à Paul Hazoumê sans aucun commentaire.

Paris, le 12 Juin 1927

Mon cher Paul

Je viens d'apprendre les grands malheurs qui accablent la Mission de Porto-Novo, trois religieuses mortes. J'ai envoyé à la R[de] Mère Supérieure Générale pour le Bulletin des Sœurs : *l'Étoile*, un article qui pourrait être reproduit dans la *R.A.*

Je te ferai parvenir le N° du 18 Juin de l'*Illustration*[47] qui contiendra un long article sur l'Art Dahoméen, qui pourrait aussi être reproduit dans notre bulletin.

Tu verras par le fond et la forme et sa dimension (illisible) … temps en France.

Le dernier livre de Mr. Lévy-Bruhl[48] vient de paraître, il contient une citation de G. Kiti à propos de son étude sur le fétichisme au Dahomey. Je te l'enverrai quand je l'aurai lu. Je l'ai acheté.

L'article de l'*Illustration* va être très discuté, au moins il va surprendre comme il a surpris et enchanté d'ailleurs les

---

[46] Jean-Marie Papin né à Couffé (Loire-Atlantique) en 1889, ordonné prêtre des Missions Africaines en 1914.

[47] *L'Illustration*, revue qui parut de 1843 à 1944.

[48] Il s'agit de « *L'âme primitive* », paru à Paris aux éditions Alcan en 1927.

Directeurs de l'*Illustration* qui ont été très aimables pour moi et qui ont demandé ma collaboration.

Je consacre ce mois de Juin à voir de nombreuses notabilités pour organiser ma souscription. J'ai fait la connaissance de Mr (*illisible*) et (*illisible*) de qui j'ai rendu visite cette semaine.

Mon cher Paul, il faut que je reste encore un peu en France pour recueillir le bénéfice de ma campagne de Propagande de l'hiver dernier. J'espère obtenir tout ce que nous souhaitons ensemble.

Le Dr de Cotonou, Trautmann, a fait paraître un livre que je n'ai pas encore lu. Ce sont des légendes, qu'il commente, je crois.

Je ne suis pas encore allé à la Bibliothèque Nationale, mais ne te tourmente pas à ce sujet, je te donnerai satisfaction.

Je pense que tu as reçu tes lunettes. Ne sois pas surpris de mon silence à ce sujet, il s'agit d'un manque de mémoire : j'avais complètement oublié que tu m'avais exprimé ce désir dans l'une de tes lettres.

Je n'entends plus parler du Bulletin.

J'ai trouvé tes deux paquets ainsi que tes peaux de singe en rentrant à Paris à la fin du mois dernier. Il vaudrait mieux que tu ne mettes pas de lettre à l'intérieur de ces paquets, pour le cas où je suis absent, parce que ces colis ne me suivent pas.

Je travaille beaucoup, beaucoup. J'irai en Juillet prendre un peu de repos dans ma famille.

Et la lettre à Mr. Hardy ? Zounon a-t-il écrit au *Pèlerin* ?

Crois bien, Mon cher Paul, à mon affection et à mes prières.

F. Aupiais.

(*N.B. Il n'y a aucune lettre d'Aupiais à Paul Hazoumê au cours du second semestre 1927.*)

Paris, le 12 Janvier 1928

Mon cher Paul

Je viens d'écrire à Monseigneur Cessou[49], au Père Parisot[50], au Père Perrin, à Monseigneur Steinmetz au sujet de la *R.A.* Voici en résumé mes propositions : je propose à Lomé de continuer à imprimer le Bulletin pour 500 Frs qui seront acquittés par Porto-Novo ; je me chargerai du reste. Je demande au Père Parisot de s'occuper du Bulletin en collaboration avec le Père Perrin. J'ai écrit à Monseigneur et au Père Parisot que si le titre *Reconnaissance Africaine* rappelait trop Porto-Novo, l'on pourrait changer en celui de *Renaissance Africaine,* ou *Connaissance Africaine.* J'espère trouver une solution définitive dans 3 ou 4 mois quand l'imprimerie de Lomé fera fonctionner sa linotype. (Le Père Girard[51] qui apprend ici le maniement de cette machine très rapide retournera au Togo en Mai.) Le départ de Monsieur Fourn nous permettra peut-être aussi de recourir à l'imprimerie du Dahomey.

Tu peux être certain que je ne laisserai pas tomber la *R.A.* dont on me dit du bien partout et particulièrement dans les milieux scientifiques. Reprends donc courage, Mon cher Paul, nous

---

[49] Jean-Marie Cessou, né à Quimper en 1884, ordonné prête aux Missions Africaines en 1908, administrateur apostolique en 1921, puis vicaire apostolique du Togo en 1923, décédé à Lomé en 1945.

[50] Louis Parisot, né à Brognon (Côte d'Or) en 1885, ordonné prêtre aux Missions Africaines en 1909, missionnaire au Dahomey en pays adja, ordonné vicaire apostolique en 1935, puis premier archevêque de Cotonou en 1955, démissionnaire en 1959, décédé à Ouidah en 1960.

[51] Henri Girard (1889-1969), né au Mans (Sarthe), ordonné prêtre des Missions Africaines en 1921, missionnaire 28 ans au Togo, décédé à Paris.

avons entrepris, toi et moi, un travail qui demande une grande patience en même temps qu'une grande abnégation. Il ne faut jamais désespérer de la pire des situations avec la grande idée que nous représentons. Sois persuadé aussi qu'il faut de nombreuses années pour arriver aux résultats que nous poursuivons. Ainsi, pour ma part, je prévois que chaque année un champ nouveau s'ouvrira à mon apostolat pour la Race Noire.

Je te l'ai dit et je ne puis pas tout t'expliquer. Je suis en train de préparer de très (*grandes ?*) choses pour les Missions et les Noirs, en particulier un Congrès d'une cinquantaine de Notabilités Coloniales et Missionnaires, Françaises, Belges, Hollandaises, Allemandes, Italiennes pour le mois de Juillet prochain. Je serai à Rome au mois de Mars pour le même objet.

Et je songe toujours à partir pour le Dahomey avec une mission cinématographique l'hiver prochain. Et je ne te parle pas de projets que je fais pour la formation des futurs missionnaires qui arriveront désormais dans les Missions avec certaines connaissances ethnographiques et avec un grand amour des Indigènes fondé non pas seulement sur le sentiment mais sur la raison, non pas seulement sur la pitié, mais sur l'estime.

Le 22 Janvier, je vais donner une Conférence à l'École Coloniale, conférence que je t'enverrai (Art Nègre). J'organiserai sans doute une exposition dans le hall de l'École.

La *Revue Apologétique* publiera au début de Février une conférence que j'ai faite à l'Institut Catholique. D'ailleurs le Père Perrin a dû te parler de tout cela.

As-tu reçu les stylistiques et les livres de puériculture que je t'ai envoyés ? Je suis sûr que tu m'écriras aussitôt que tu seras en leur possession, car tu es plus fidèle que moi pour écrire, en voici l'une des raisons : je n'ai pas toujours l'horaire des courriers et je mets mes lettres à la poste quand elles sont écrites. Cela a un grand inconvénient parce que souvent je manque d'un jour ou de quelques heures le courrier et d'autre part ne connaissant pas la date exacte du départ des bateaux, je ne me sens pas talonné par ces horaires impératifs. Je vais remédier à cette négligence.

J'ai reçu les objets en or, en vrai or, que tu m'as envoyés, et je vais bien te surprendre à leur sujet : les orfèvres à qui je me suis adressé se sont déclarés incapables de changer la forme des lunettes. Consentirais-tu à changer les lunettes que tu m'as envoyées contre d'autres du format désiré, en or également. Pour le poisson, tous hésitent aussi, pour des motifs que je n'arrive pas à comprendre. Je crois bien que ce travail coûterait si cher que les orfèvres n'ont pu en fixer le prix. La chaînette est prête, je te l'enverrai bientôt.

J'attends la nomination d'un nouveau Gouverneur pour le Dahomey pour parler au Ministère de la désignation d'un Conservateur pour Abomey, et ce serait toi.

Tu me parles d'un concasseur. Je veux bien chercher quelque chose et j'ai déjà quelques renseignements qui seraient meilleurs si j'étais à Marseille. Mais il faudrait que tes amis et toi vous fassiez quelque chose de nouveau : par exemple tamiser la farine de maïs par un système de bluterie pour en retirer le (*Frofro ?*). De quel capital disposeriez-vous ? Quelle force voulez-vous ? Comme tu n'es pas seul, il faudrait faire préciser à tes amis leurs conditions et leurs désidérata. Est-ce que vous ne préféreriez pas une presse à huile et un concasseur d'arachides ? Quand j'étais à Marseille, l'hiver dernier, un inventeur préparait en secret un nouvel appareil qui devait donner beaucoup de résultats (il s'agit d'un petit appareil pouvant servir à un fermier).

Je suis en train d'organiser ici une réunion d'Étudiants de couleur. Je t'en parlerai une autre fois.

Monsieur Labouret me demande un article de toi. Envoie à ce Monsieur qui a été toujours très aimable pour moi un aperçu sur le Dahomey qui serait une réponse satisfaisante au questionnaire qu'il a dû t'envoyer.

La « *Voix* » me parvient fidèlement. La première page est sérieuse dans l'ensemble.

Je n'ai plus entendu parler de Franc K.A. Salvador vient d'obtenir les palmes académiques que tu recevras toi-même un jour.

Je m'arrête, Mon cher Paul, en te présentant mes meilleurs vœux de bonheur, de santé et de Salut. Je prie souvent pour toi et j'ai pour toi, une affection particulière qui va croissant au fur et à mesure que je découvre les ressources inestimables de ton âme.

F. Aupiais.

Lettre 48

Paris, le 12 Février 1928

Le Père Perrin n'a pas la conférence sur l'Art Nègre. As-tu entendu dire quelquefois que l'on trouvait dans les Dassas des pierres de tonnerre en quantité ?

Mon cher Paul

Je vais tâcher de donner à mes lettres un cours régulier de manière à éviter de te faire de la peine que te cause mon silence. Il faut un peu m'excuser car je suis toujours très occupé. Je suis sollicité de tous côtés pour des articles, des conférences, ou même des livres.

Au commencement de Mars, je serai à Louvain où je suis appelé par la Grande Université de cette ville pour faire une Exposition d'Art Dahoméen et deux ou trois conférences en une semaine. Je crois t'avoir dit que le 22 Janvier j'ai fait à l'École Coloniale une Exposition et une Conférence. Je t'envoie aujourd'hui cette dernière conférence (de l'École Normale), sur l'Art Nègre, et la Conférence de l'Institut Catholique (16 Décembre) que tu as peut-être reçue.

J'ai presque le désir de réunir toutes ces conférences en un volume. Qu'en penses-tu ? En tous cas, j'écrirai un livre avec les principales idées contenues dans ces Conférences, à la suite du voyage que je compte faire au Dahomey l'hiver prochain et dont je t'ai déjà parlé.

Je voudrais bien que tu sois en congé, au moins 6 mois, à cette époque. Je vais travailler pour cela auprès du nouveau Gouverneur dont on me dit beaucoup de bien. Je me servirai pour cela de mes relations avec Monsieur Crouzet qui est l'Inspecteur de l'Enseignement de Paris et en même temps Directeur de l'Enseignement au Ministère des Colonies. Il faut que nous ayons de projets très nets. Les miens sont ceux-ci :

<u>Faire faire un film</u> et préparer à l'avance la liste des plus gracieux usages, des plus belles cérémonies (religieuses ou royales). Des scènes les plus caractéristiques, mais <u>les plus dignes</u> de la vie sociale, familiale, professionnelle des Indigènes, etc. etc.

Je compte encore parmi mes projets celui de faire imprimer tes livres. Le roman se vendrait comme des pains si nous pouvions le filmer, comme je t'en ai déjà parlé. Quel beau succès ce serait ! Réponds-moi positivement sur tout cela.

Il faut absolument continuer à réhabiliter la Race Noire. Je reçois pour cela les plus grands encouragements. C'est un travail facile d'ailleurs quand on voit ce qui se passe actuellement chez les ...... qui sont en train de perdre ces trésors immenses de moralité qu'un Christianisme séculaire et fervent avait amassés.

Ce qui me gêne dans ma propagande apologétique, c'est l'objection que l'on me fait quand on me parle de certains Noirs européanisés.

Je pense que les choses vont s'arranger pour la *Reconnaissance*. Je n'ai pas de réponse encore aux lettres que j'ai écrites à ce sujet au Père Perrin et au Père Parisot, mais je n'attends que de bons résultats des démarches que j'avais faites au moment où je t'écrivais en Janvier. Tiens-moi au courant de ce que tu entends dire à ce sujet parmi mes confrères.

Monseigneur vient enfin de m'écrire et une lettre très aimable.

J'envoie un mot affectueux par ce courrier à nos amis Thomas Mouléro et Gabriel Kiti.

Je te félicite du succès que tu as obtenu à Grand-Popo.

Mais tu ne m'as pas dit quelle était la faute de ton jeune frère.

Donne-moi des nouvelles de Gbenou et de ses amis de Porto-Novo et de Kouti, de ta chère Maman aussi et de tes enfants.

Je pense écrire à Madame Gouet. En attendant veux-tu lui prêter la conférence sur l'Art Nègre. Le mieux serait que tu lui offrisses un exemplaire de cette Conférence si tu pouvais la faire dactylographier.

Je voudrais te demander si la lecture de mes Conférences te donne l'idée d'<u>enquêtes</u> et de <u>travaux</u> ? Je le pense, et j'espère qu'il en est ainsi de ces Messieurs au séminaire, et du Père Perrin et du Père Kern[52]. Soyez bien persuadés tous que nous avons des volumes à écrire si nous voulons épuiser les sujets de nos études. Les proverbes m'intéressent beaucoup en ce moment. L'abbé Mouléro vient de m'en envoyer qui sont très beaux (ces proverbes ont été traduits et recueillis par quelques-uns de tes collègues et de tes amis de Cotonou que tu remercieras beaucoup de ma part). Mais ces proverbes ne peuvent être commentés comme je voudrais le faire à moins

---

[52] Victor Kern, né en 1896 à Thanvillé (Bas-Rhin), ordonné prêtre aux Missions Africaines en 1925, missionnaire et disciple du Père Aupiais au séminaire de Ouidah, rappelé en 1936 en France, où il décède en 1958.

d'en savoir le sens moral et l'application et d'en connaître un exemple.

Je suis convaincu qu'il y a dans ces renseignements des <u>trésors</u> sur la mentalité indigène. Je vais essayer de faire à ce sujet pour la Revue en Janvier un article qui te persuadera de cette vérité = un proverbe, sans explication et sans exemple, est encore moins que cela : un os sans viande (je parle évidemment pour nous européens). Je te cite d'autre part quelques proverbes au sujet desquels je serais heureux d'avoir <u>bientôt</u> un petit commentaire.

La clarinette est réparée. J'attends ta réponse au sujet des lunettes pour te l'envoyer.

Je ne comprends pas que les stylistiques ne soient pas arrivées, elles sont parties de Paris pour Marseille depuis plus de 4 mois.

Que penses-tu du livre de Madame Gay ?

J'arrête cette longue lettre en t'assurant de mes prières et en te demandant les tiennes.

Crois bien, Mon cher Paul, à mes sentiments les plus dévoués en N.S.

F. Aupiais.

Merci des télégrammes relatifs à Monsieur Fourn que tous ses amis à Paris avaient prévenu de sa mise à la retraite à cause de ses 60 ans.

Qui a écrit l'article dans la *Voix Dahoméenne* à mon sujet ? J'en ai été très touché.

(Suit un texte de deux pages manuscrites au sujet des proverbes : cf. ci-dessous) *(illisible)*

Une tigresse en couches fut surprise par une biche et dit : des bêtes bigarrées s'insinuent dans mon domaine.

Le sac qui sert à vendre le *(illisible)* sera vendu à son tour.

(*Monsieur : illisible*)

N.B. Joindre <u>toujours</u> le texte en Fon ou Nago.

Un Dahoméen rencontre un petit enfant européen et dit : y a-t-il donc des petits blancs ?

(Les proverbes de Monsieur Couthon sont très bien expliqués, mais il manque un <u>exemple</u>)

Un mari revenant d'une expédition rapporte une meule à sa femme qui lui dit : tu ne m'offres toujours que ce qui ne m'est d'aucune utilité.

(Les proverbes de Monsieur d'Oliviera sont très profonds mais sans texte et sans exemple).

(Même remarque pour ceux de Monsieur Laleye)

Il ne sied pas de répondre au propriétaire qui réclame son cabri : que la bête est trop solidement attachée (Monsieur Paul Hazoumê...)

De même :

Un convoi funèbre passe devant un vautour qui s'écrie : Oh ! Que les riches sont heureux !

Ces deux derniers proverbes qui sont remarquables mériteraient une glose et plusieurs pages chacun.

Lettre 49

Paris, le 23 Mars 1928

Mon cher Paul

Je t'écris hâtivement au moment de partir pour Rome où je vais passer 15 à 20 jours dans le but de faire approuver mes idées et mes campagnes en faveur des Noirs. N'ébruite pas la nouvelle de ce voyage avant que je t'aie écrit de Rome pour te faire part de l'accueil que j'aurai reçu. J'espère obtenir une Bénédiction spéciale du Saint Père pour les Rédacteurs de *la Reconnaissance Africaine*. Sois patient et confiant, Mon cher Paul, comme j'aime à te le répéter : nous sommes embarqués dans une bonne pirogue et tu verras un jour où je te mène.

En tous cas, sois sûr que *la Reconnaissance Africaine* vivra, poursuis donc tes remarquables études comme celles qui ont rapport au *Calendrier Dahoméen*[53] et qui sont des documents de première valeur. Nous avons un nouvel abonné de marque, que j'ai recruté à Louvain ! Son nom : Son Altesse Royale le Prince Henri de France, fils du duc de Guise. Nous en aurons beaucoup d'autres quand l'impression de *la Reconnaissance Africaine* sera enfin stabilisée et que je pourrai vous envoyer ma collaboration régulière.

Pour les proverbes, essaie d'avoir des <u>études</u> comme j'en ai donné le modèle, études dans lesquelles le sens matériel, le sens moral et surtout l'<u>exemple</u> sont de la plus grande <u>valeur</u>. Fais consigner des <u>exemples</u>, le reste sera facile.

Je t'envoie deux conférences, j'attendais qu'elles fussent imprimées dans une revue pour te les envoyer. Mais cela aurait trop tardé. J'ai plusieurs projets de Conférences encore.

Je reviens de Louvain, de l'Université de Louvain, où les Arts Dahoméens ont eu un très grand succès auprès du Recteur, des Professeurs et des Étudiants de l'Université. Plus de 20 journaux des principales villes de Belgique ont parlé de cette Exposition. Je t'envoie, en paquet recommandé, quelques-uns de ces journaux, plus un Figaro. Voudrais-tu … *(effacé)* ces journaux … *(effacé)* X. Béraud.

La <u>Dépêche Africaine</u> a consacré à ma conférence de l'École Coloniale un article où l'on ne ménage pas les qualificatifs.

---

[53] Il s'agit d'un calendrier de 9 jours. Ce travail parut dans la *Reconnaissance Africaine* n° 43-44 de 1927. Cf. P. Saulnier. *Vodun et Destinée Humaine*, éd.SMA, 2009, p. 16-18.

Je t'écrirai de Rome, sans faute. Fais savoir à François .... que j'entreprends le beau et saint voyage de la Ville Éternelle.

Je prie toujours pour toi, pour que tu sois un peu moins découragé et un peu moins ....

Je te suis tout dévoué en N.S.

F. Aupiais

Lettre 50

Lyon, le 02 Mai 1928

Mon Bien cher Paul

Je pense que le Père Perrin t'aura donné communication du récit que je lui ai envoyé de l'audience privée que j'ai obtenue du St Père. Quelle joie, quel triomphe, Mon cher Paul, de voir notre chère revue ouverte sur le bureau de sa Sainteté ! Le pape feuilletait et je voyais passer sous ses doigts et sous ses yeux les titres de vos articles !! Comme je leur trouvais un autre sens et une autre beauté à ces titres ! Comme votre travail me paraissait grand dans ce cadre universel de la Ville qui est la tête ou la mère de toutes les nations. Il n'y a donc plus de couleurs, il n'y a même plus de nations, mais tous les hommes peuvent être égaux et frères dans la filiation surnaturelle de la vérité en Christ.

J'ai pensé à toi, spécialement, très spécialement. J'ai désiré ce même bonheur pour toi, oui je voudrais que tu fusses agenouillé aux pieds du Saint Père comme je l'étais moi-même, en cette circonstance. Puisse la Bénédiction du Pape t'atteindre, toi, tes enfants et ta famille, vœu que j'ai formulé au moment même où la main du saint Père me bénissait.

Hier j'ai reçu du Cardinal Gasparri cette lettre qui concerne plus particulièrement les séminaristes, et j'en envoie une copie au Père Parisot. Tu ne seras pas jaloux, et tu comprendras que le Cardinal fasse allusion spécialement à nos étudiants ecclésiastiques. J'espère que cette lettre va émouvoir et convaincre mes confrères au Dahomey. Tu me communiqueras tes impressions à ce sujet.

J'ai reçu ta dernière lettre qui m'a paru froide et un peu découragée. Il est vrai que je suis un mauvais correspondant. Mais mon voyage de Rome m'a empêché de t'envoyer le catalogue que tu m'as demandé et pour lequel je me suis adressé moi-même à A. *(Salvanou ?)* qui a fait des études d'agriculture et que je n'ai pas encore revu.

Jeudi dernier, j'ai lu à l'Académie des Sciences Coloniales un rapport sur la Société Indigène au Dahomey, qui a été écouté avec attention.

Mon cher Paul, on me demande des conférences et des articles de tous les côtés. Monseigneur Baudrillart [54]veut que je fasse un cours d'ethnographie à l'Institut Catholique en 1929. Monsieur Lévy-Bruhl et le Père Schmidt[55], le fondateur d'Anthropos pensent toujours beaucoup de bien de notre *BULLETIN*.

Je suis à Lyon pour prendre mes nouvelles fonctions[56], à partir de demain. Prie pour moi, car cette charge est bien lourde.

Je t'envoie un N° que j'ai fait imprimer ici et qui est destiné à recueillir des souscriptions en France (1).

Je te suis très dévoué en Notre Seigneur. F. Aupiais

Mon meilleur souvenir à nos amis, François, Adolphe, etc.

---

[54] Alfred Baudrillart (1859-1942), cardinal, écrivain et membre de l'Académie française, recteur de l'Institut Catholique de Paris.

55 Wilheim Schmidt (1868, 1954), prêtre allemand de la Société du Verbe Divin, ethnologue et linguiste, fondateur de la Revue *Anthropos.*

[56] Fonctions de provincial. Cf. La *Reconnaissance africaine* n° 45

Si ce N° pouvait être vendu 10 Frs au Dahomey, je pourrais en envoyer un millier, ce qui ferait une belle souscription. J'écris au Père Fechter dans ce sens.

Lettre 51

Lyon, le 25 Juin 1928

Mon Bien cher Paul

Je ne sais plus où j'en suis de ma correspondance avec toi et je n'ai pas tes lettres près de moi pour les consulter avant de t'écrire. Excuse-moi donc si cette lettre ne répond pas tout à fait à tes missives précédentes.

Partons des choses les plus pressantes. J'ai reçu ces jours derniers à Paris le « Libéré ». Je lui ai fait des reproches parce que sa confiance en moi n'a pas répondu à mes prévenances à son égard. Il a été intimidé de ces reproches. Il m'a demandé l'autorisation de revenir me voir. Je la lui ai accordée. Il est venu à Paris avec ses amis Gadandou Diouf[57] et Lamine Gueye[58] qui ont combattu la candidature de Mr Diagne[59]. *La Dépêche Africaine* ne marche ... pour eux.

J'ai vu à Paris un fabricant de concasseurs avec bluterie qu'il .... *(paragraphe illisible)*

---

[57] Gadandou Diouf (1875-1941), homme politique sénégalais, député du Sénégal au parlement français de 1934 à 1940.

[58] Lamine Gueye (1891-1968), homme politique sénégalais, député du Sénégal de 1945 à 1951, membre du gouvernement français en 1946-1947, auteur de la loi accordant la nationalité aux sujets des colonies françaises.

[59] Blaise Diaye (1872-1934), fonctionnaire de l'administration coloniale (au Dahomey en 1892), député du Sénégal en 1914 au parlement français.

Voici maintenant une grande nouvelle. Je serai au Dahomey en Décembre prochain avec un opérateur Cinéma et en photographie en couleur, et nous apporterons en même temps des disques pour enregistrer des chants. Je désire continuer et augmenter encore la propagande que j'ai faite avec mes expositions, et cela pour réhabiliter les Noirs aux yeux des Européens. Je vais faire filmer uniquement des scènes qui donnent une bonne idée des Noirs, de leurs coutumes, de leurs usages sociaux, de leur politesse, de leur étiquette, de leur symbolisme, etc. Par conséquent, je ne vais pas prendre les choses odieuses ou grotesques *(… ligne illisible)*. Mais je ferai volontiers cinématographier de bonnes et belles danses d'Abomey, des cérémonies funéraires, etc., etc.

Je voudrais aller dans le Nord. Matthieu Bouquet pourrait-il m'aider pour les Baribas[60] et pour d'autres populations, quoique je tienne surtout à me documenter dans le Bas-Dahomey. Quels sont ceux de tes amis et de tes parents qui pourraient m'aider dans ce travail qui va être considérable ? Toi-même, pourrais-tu demander une année de mise en disponibilité, pour finir ton roman en m'attendant et constituer un scénario si cela est possible pour faire un beau film. Je songe à t'indemniser de la moitié de ton salaire.

Je … *(phrase illisible)* Je griffonne ces quelques mots à la hâte entre deux réunions de mon Conseil. Mon cher Paul, … *(illisible)* moi et prie pour moi car j'ai beaucoup de travail.

Mon bon souvenir à tous.

Je te suis toujours affectueusement dévoué en N.S.

F. Aupiais.

---

[60] Bariba : ethnie du nord-est du Dahomey-Bénin.

(Carte postale)

Paris, le 9 Août 1928

Mon cher Paul

Je pars ce soir pour la Belgique (Congrès de Louvain) et j'ai été très occupé *(ces semaines ?)* Je t'envoie ce mot pour te dire que je mets la dernière main aux *(conventions ?)* par lesquelles je règle mon prochain voyage cinématographique au Dahomey. Aussitôt que tout sera prêt, je t'écrirai.

Mais pourras-tu obtenir ton année de congé ?

As-tu reçu le catalogue de moulin *à (... illisible)*

À bientôt de mes nouvelles.

Affectueusement. F. Aupiais.

(N.B. Aucune lettre d'août 1928 à Mars 1930)

Lettre 53

(Carte postale)

Abomey, le 26 Mars 1930

Mon cher Paul

Je t'ai télégraphié hier, dans des sentiments que tu as certainement compris et dont tu t'es fait, j'en suis sûr, l'éloquent interprète. Nous descendrons ce vendredi. Je désirerais bien aller chez Madame Bill dès mon arrivée. Veux-tu m'accompagner ? Nous partirons samedi matin pour Porto-Novo.

Notre voyage dans le Nord à Natitingou *(sic)* a été un peu court mais excellent au point de vue de la Documentation.

Crois bien, Mon cher Paul, à mes sentiments les plus dévoués en NS.

F. Aupiais.

Bassam, le 14 Juin 1930

Mon cher Paul

Je viens de terminer la visite des missions de la Côte d'Ivoire. J'ai voyagé 20 jours sans trêve, je m'embarquerai lundi sur l'*Amérique*.

J'aurais beaucoup de choses à te dire au sujet de la Côte d'Ivoire qui est une très belle colonie, ce serait trop long pour ce court billet que je t'écris aujourd'hui.

J'ai tenu à t'envoyer ce mot pour te remercier de ton fidèle dévouement et de la grande droiture à mon égard, pour te remercier aussi des services que tu m'as rendus et de la belle fête que tu as organisée à Cotonou en mon honneur.

Comme je te l'ai dit, je prie souvent pour toi et je prierai encore mieux et encore plus souvent quand la vue de tes chères petites filles me rappellera ton souvenir déjà si présent à ma mémoire.

Remercie Aug. Nicoué de son interview qui a été intégralement reproduit et dont il m'a envoyé de nombreux exemplaires.

Je souhaite bon succès à sa chère revue.

J'ai rencontré à Bouaké Monsieur Bosc, ton ancien directeur qui m'a parlé de toi avec affection et admiration, il m'a même dit qu'il consommait encore du tapioca que tu lui avais offert il y a 4 ou 5 ans. Madame Bosc et ses enfants sont en France. Lui-même rentrera en Août.

Je te recommande de continuer ton travail sur le Pacte.

Salue bien mes bons amis de Cotonou : les membres du Comité d'Organisation de la Réception, Mr et Mme Akitunde, ton cher artiste en pyrogravure, Mr et Mme Georges Tovalou, M et Mme Olympio, à qui je dois encore un souvenir pour leurs charmants enfants, Mme Elisabeth Bill, ainsi que Lucien d'Almeida et Columbiano, son frère.

Crois bien, mon cher Paul, à mes sentiments les plus dévoués en N.S.

F. Aupiais

Je ne puis oublier le si dévoué Eugène que je remercie de tant de services qu'il m'a rendus.

Bonjour à Gbenou si tu lui écris, ainsi qu'à ta chère Maman.

Agrafées à cette lettre :

- une carte envoyée de Toulouse, datée du 30.09.30, avec ces mots : Bon souvenir de Toulouse.

- une neuvaine de confiance au Sacré Cœur de Jésus.

Lettre 55

Paris, le 3 Février 1931

Mon cher Paul

C'est avec le plus grand plaisir que j'ai pris connaissance de la liste des délégués du Dahomey à l'Exposition. J'y ai vu ton nom avec un bonheur particulier, tu n'en peux douter. Quelle ne va pas être la joie de tes filles au sujet desquelles je t'ai écrit dernièrement pour te rassurer sur leur compte !

J'espère que ton livre sera prêt le jour de ton départ et nous verrons ensemble ici le meilleur parti que nous pourrons en tirer.

Casimir avait parlé de venir à l'Exposition en costume national …Le fera-t-il ? Sera-t-il seul ? Je te demande de conseiller à Zounon et à Justin Aho de se munir de beaux chants (textes et musiques) afin que nous puissions enregistrer des airs sur des disques.

Je me propose bien de te faire connaître mes amis de Paris et de te faire parler en public. Ne t'inquiète pas au sujet de ma qualité de provincial, que je n'ai pas perdue malgré les efforts que l'on a faits pour me destituer.

Je serai heureux d'avoir ton avis le plus tôt possible au sujet du livre : *Deux Sœurs Noires*[61]. Le numéro du Phare contenant ton article au sujet de mon film et de mes expositions ne m'est pas parvenu.

Mon cher Paul, j'ai une grave parole à te dire. Tu vas donc venir en France où tu te feras sans doute de nombreux amis, où tu auras l'occasion d'aller prier dans des Sanctuaires célèbres comme Lourdes, Lisieux, etc. Il n'est pas possible qu'il existe une ombre à la réputation que tu vas acquérir en France, il est absolument impossible que tu ne communies pas dans les lieux de pèlerinage dont je te parle plus haut. Il y a un mot qui ne doit pas être prononcé à ton sujet par les journaux, c'est

---

[61] *Deux Sœurs Noires*. Une page de légende dorée au Dahomey par une religieuse de la Ste Famille du Sacré Cœur. Ed. Librairie Bloud et Gay, 1931. Préface de Dom Chautard, abbé de la Trappe de Sept Fonds : elle est adressée au Père Aupiais, provincial sma. Introduction du Père Aupiais. L'ouvrage relate l'histoire de deux religieuses de la Congrégation dahoméenne des Petites Servantes des Pauvres, fondée à Abomey-Calavi le 19 Mai 1912 par le Père Émile Barril (1874-1961). Les deux religieuses sont Sœur Marguerite-Marie (1894-1922) et Sœur Eugénie Okoko (1896-1922). Dans l'Introduction, Aupiais insiste sur la dignité des cultures africaines et leur capacité à accueillir la Révélation divine.

celui de polygame, qui résonne très fâcheusement en France, et qui est pour le public européen incompatible avec les mots civilisé et chrétien. Ton départ pour un voyage lointain et de plusieurs mois te fournit une excellente occasion de régulariser ta situation. Ce sera une délivrance pour tous ceux, les élèves et les administrateurs qui te suivent, pour tous ceux encore, tes amis comme moi, qui te veulent dignes de toi-même et de ta destinée. Tu n'ignores pas que ton état familial est une arme dont mes ennemis se servent continuellement. Que sera-ce si je te signale en France comme mon disciple préféré !

Crois bien, Mon cher Paul, à mes sentiments les plus dévoués en N.S.

F. Aupiais.

3. Lettres d'« exil » à Baudonne
(1932-36)

Lettre 56

Baudonne, le 30 Octobre 1932

Mon cher Paul,

Depuis huit jours je suis retenu à la chambre par une congestion pulmonaire, qui me rend malade comme je ne l'ai jamais été.

Et c'est dans ces circonstances que je dois te parler de ton livre et d'un voyageur distingué que je voudrais te confier. Le voyageur est un Monsieur Bouchaud[62], c'est l'artiste qui avait décoré les plafonds du Hall de la Cité d'Information. Il part au Dahomey pour entreprendre des études d'art sérieuses. Il a … d'ailleurs de la documentation (du … ?) où il était ces jours-ci encore.

Ta lettre dédicatoire a passé non sans peine. Que ces messieurs vont-ils penser de ton introduction ? Je leur envoie aujourd'hui celle que tu as rédigée et la mienne. Rien ne sera définitivement décidé sans ton agrément, mais mettons-nous d'accord. Ta lettre du mois dernier qui me disait impérativement que tu reprendrais plutôt ton livre à l'Institut si ces messieurs ne voulaient pas accepter ta dédicace, m'a vexé, m'a mis dans un

---

[62] Jean Bouchaud (1891-1977), né à St Herblain (Loire-Atlantique). En 1932-1933, entreprend un voyage d'étude en Afrique Occidentale, dont le Dahomey.

grand embarras. J'ai (illisible) nous allons nous attaquer tous au chapitre dernier qui ne plait à aucun d'entre nous et qui n'est pas une conclusion obligatoire de l'ensemble de ta documentation plus ou moins à insérer ici. Ces messieurs t'écriront sans doute. Moi aussi encore. Les travaux d'impression vont bientôt commencer.

Je me recommande à tes bonnes prières.

Ton père.

(Suit le brouillon dactylographié de l'introduction.)

Lettre 57

Baudonne, le 24 Novembre 1932

Mon bien cher Paul,

J'espère que cette lettre prendra le courrier du 26 Nov. et que tu auras ainsi dès la mi-décembre des nouvelles rassurantes de ma santé, car je vais mieux, bien mieux. Je sors encore à peine de ma chambre, mais je suis en pleine convalescence. J'ai été terrassé, et subitement et en pleine activité par cette pneumonie qui m'a pris comme un accès de fièvre. Comme le docteur était inquiet sur l'issue de la maladie, au moins pendant un jour ou deux, j'ai reçu l'Extrême Onction. Je me recommande à tes bonnes prières et à celles de tous mes amis pour que je puisse reprendre bientôt mes fonctions de professeur et de supérieur.

Ma pneumonie m'a empêché de recommander Monsieur Bouchaud, comme je l'aurais voulu, à nos amis d'Abomey, de Porto-Novo et d'ailleurs. Mais j'espère que tu auras pu le présenter, ou du moins le faire connaître par lettre à Monsieur Justin Aho, à notre ami Michel Padonou, à Monsieur l'abbé Kiti. J'espère recevoir un mot de toi à ce sujet.

Claire et Laure m'ont envoyé chacune un mot très aimable auquel j'ai répondu aussitôt que j'ai pu écrire.

Je n'ai rien reçu de nouveau de l'Institut d'Ethnologie, mais je m'attends à ce qu'on m'envoie bientôt les premières épreuves à corriger.

Renvoie-moi le plus tôt possible l'Introduction de ton livre, qui mériterait plutôt d'être intitulée : proenotanda et ajouter ce qui te paraitrait manquer à cette déclaration. Mlle Rivet ne m'a pas écrit encore pour me dire ce qu'elle en pensait.

J'attends aussi les indications et même les ordres au sujet du chapitre intitulé : partie critique, qui aurait de la valeur dans un livre uniquement destiné à des Indigènes, mais qui paraît inutile pour des Européens, et surtout des savants européens, qui ne doutent pas que la pierre de tonnerre, l'existence d'Aziza, etc., n'ont qu'une existence <u>mythique,</u> qu'il conviendrait d'ailleurs d'étudier comme telle, ce qui pourrait constituer alors une véritable étude ethnographique.

Je te prie de présenter mon bon souvenir à ta famille et à nos amis communs de Cotonou et de Porto-Novo.

Comment vais-je pouvoir retrouver dans mes malles cette lettre de Monsieur Lévy-Bruhl dont tu me parles ? J'essaierai pourtant.

Crois bien, Mon Cher Paul, à mes sentiments les plus dévoués en Notre Seigneur.

F. Aupiais.

Baudonne, le 5 Janvier 1933.

Mon Bien cher Paul,

Ce n'est pas à cette époque de l'année, époque des vœux et des prières, qu'il faut être pessimiste ; malgré la pénible situation où tu te trouves, je n'hésite pas à te dire : Bonne et heureuse année. Espérons en effet que tu obtiendras justice, demandons-le dans nos prières.

Tes chefs, au moins le Gouverneur titulaire et l'Inspecteur, reconnaitront sans doute la pureté de tes intentions et ta compétence dans la matière qui fait l'objet du litige (la juste appréciation des aptitudes des élèves), mais je crains que tu ne sois pas du tout compris par certains de tes compatriotes qui t'accuseront d'être plus royaliste que le roi dans une question où l'administration est jugée odieuse par un grand nombre. Puisses-tu te justifier devant l'opinion indigène aussi facilement que tu le feras, je l'espère, devant tes chefs.

Ton ami, Monsieur Nicoué a été bien intentionné en envoyant les télégrammes, mais il aurait dû se rappeler qu'étant rédacteur en chef d'une revue dont il est le propriétaire tu étais facile à compromettre par ce qui paraît dans le Bulletin ou par ce qui émane de lui (démarches, protestations, enquêtes, etc.). Je suis tout à fait étonné que Nicoué qui est plutôt opportuniste vis-à-vis des Blancs et de l'administration se soit laissé aller à un acte qui eût été beaucoup plus sympathique de la part des Rédacteurs et de la Voix. Je suis à peu près persuadé que c'est de Nicoué que te viendra une planche de salut parce qu'il doit être bien noté au point de vue politique.

Je te donne le conseil de ne pas réclamer le poste de Cotonou comme si cette place t'était due ; même après qu'on t'en a enlevé injustement, tu aggraverais ton cas peut-être, tout en n'obtenant pas ce que tu demandes. D'ailleurs écoute à ce sujet les conseils qui te seront donnés par M. Crespin et M. Desanti. Je te prie de ne pas me laisser longtemps, sans nouvelles de cette affaire. Je te supplie même de m'écrire, car je ne cesserai d'être inquiet aussi longtemps que je n'aurai pas appris que les évènements ont pris meilleure tournure. Sois bien en possession de toi-même et n'écoute ni ton indignation même juste ni la tristesse même légitime. Cherche une dérivation dans la composition de ton Roman.

Merci de ce que tu as fait pour M. Bouchaud.

Puisque tu es à Porto-Novo, salue mes grands amis de cette chère cité : les Gounous, leur Président, et Zounon. Présente à tous mes meilleurs vœux. Dimanche prochain, je penserai bien à eux (à cause de la fête de l'Épiphanie).

Tes filles m'ont écrit à l'occasion du Nouvel An. Elles vont bien.

Mr. (Roume ?) est dans l'admiration devant les porte-couteaux qui sont de véritables bijoux. Il demande s'il a quelque chose à payer.

Je n'ai pas de nouvelles de l'Institut d'Ethnologie. Je vais écrire ces jours-ci à Mademoiselle Rivet. Merci, mon cher Paul, de la confiance que tu me témoignes au sujet de tes travaux. J'en ai été très touché.

Restons unis dans la prière, dans l'affection, dans les idées, en attendant un jour plus heureux (celui de notre union dans l'Eucharistie). Mes vœux de bonheur et de santé et l'assurance de mes prières à la Maman, à Gbenou et à ta famille.

Je te suis très affectueusement dévoué en, N.S. F. Aupiais.

P.S. Grâce à Dieu, je suis complètement guéri et aussi bien portant qu'avant ma maladie.

Baudonne, le 24 Janvier 1933

Mon cher Paul

Ces jours derniers, j'ai eu une grande joie qui sera encore plus grande pour toi : Mlle Rivet m'a fait parvenir les premières épreuves du « Pacte », c'étaient les illustrations. Enfin, ton livre est donc sur le chantier, et l'Institut qui fait bien les choses habituellement, publiera sous son pavillon ta savante documentation qui sera certainement très bien présentée. Malheureusement, j'ai peu de renseignements parce que Mlle Rivet m'écrit peu souvent et peu longuement.

Au reçu de ta dernière lettre qui contenait le texte de l'introduction, je lui ai envoyé une longue lettre pour lui demander de me tenir au courant des travaux d'imprimerie et des décisions prises par le Comité de Lecture de l'Institut au sujet du chapitre « critique ». J'ai d'ailleurs cité le passage de ta lettre concernant ce chapitre. Je te communiquerai la réponse que j'obtiendrai.

Je te remercie de tes prières de la Messe de Minuit. Puissent-elles m'obtenir que je fasse de plus en plus la volonté de Dieu et que je ressemble davantage à notre Divin Modèle, Notre Seigneur. J'ai prié aussi pour toi, à mes intentions habituelles quant au Salut de ton Âme et aux intentions présentes de la vie : celles qui sont relatives aux ennuis professionnels que l'on t'a créés.

Je ne reçois pas le Phare qui est peut-être envoyé à Lyon ou à Paris, et j'en suis bien privé.

Je te remercie beaucoup de ce que tu as fait pour Monsieur Bouchaud et qui méritait que l'on s'occupât de lui parce que c'est un enthousiaste du Dahomey et parce qu'il gardera une grande reconnaissance des services que tu lui as rendus.

J'ai appris que la Messe de l'Épiphanie avait été chantée par un prêtre Gounou Monsieur l'abbé Dominique Adeyemi[63]. J'en suis bien heureux.

Je connais très bien Marcellin Apiti dont tu me parles et qui a été mon élève pendant de nombreuses années. Voici ce que je puis te dire pour lui et le fils de Mme Dolores Campbell Garrido. J'ai aussi des amis à Bordeaux et au Collège St Genès pour trouver un correspondant ou pour prier le Cher Frère Directeur d'en trouver un pour ton petit compatriote. Les mêmes amis m'aideront à trouver une pension et un professeur pour Marcellin Apiti. D'autre part, il y a à Bayonne un collège semblable à St Genès, tenu par des frères de la même congrégation et avec qui je suis <u>dans les meilleurs termes.</u> Je propose donc aussi Bayonne sans exclure Bordeaux. Bayonne est à 5 kilomètres de Baudonne comme tu le sais. Écris-moi donc le plus tôt possible pour que je fasse des demandes soit à Bordeaux, soit, à Bayonne.

<u>Confidentiel :</u> Le R° Père Parisot vient de m'envoyer une carte tout à fait confiante, dévouée, respectueuse et amicale.

Crois bien, Mon Cher Paul, à mes sentiments les plus affectueux et salut bien de ma part ta Maman, Gbenou et mes amis de Porto-Novo.

Ton vieux Maître.

F. Aupiais

---

[63] Dominique Adeyemy (1903-1981), de Porto-Novo, ordonné prêtre en 1932.

Lettre 60

(Carte postale de la basilique de Lourdes)

Lourdes, le 11 Février 1933

Mon Bien cher Paul

Je suis venu aujourd'hui à Lourdes, à l'occasion du 75ème anniversaire des apparitions. J'ai pris le train par lequel nous étions arrivés à Lourdes, le 8 décembre 1931. Pour cela et pour bien d'autres raisons, ta pensée ne m'a pas quitté, surtout à la Grotte.

J'ai prié aussi pour tes enfants d'Amiens, ta Maman, ton frère, ta famille.

Dis aux Gounous que je ne les ai pas oubliés.

Pas de nouvelles de Mlle Rivet.

Affectueux sentiments en N.S.

F. Aupiais.

Lettre 61

Baudonne, le 29 Mars 1933

Mon Bien cher Paul,

Je ne veux pas manquer le courrier du 1er Avril et je t'écris ce mot, qui risque d'être court, mais qui t'arrivera d'une façon certaine dans 3 semaines, c.à.d. pour Pâques, la grande fête chrétienne.

J'ai bien reçu ta lettre du 20 Février et j'ai immédiatement écrit à tes filles ce que tu m'as dit de ton ami Fortunat. Claire et

(Laure) [64] m'avaient demandé, non la permission d'écrire à ce Monsieur, mais un conseil au sujet d'un échange éventuel de correspondance. Je leur avais répondu prudemment qu'elles feraient bien de te demander la permission de répondre aux lettres qu'elles recevaient d'amis inconnus d'elles. (Je pensais que ton ami Fortunat était un jeune homme.)

Je n'ai pas de nouvelles du Pacte. Je crois qu'on l'imprime sans m'envoyer les épreuves à corriger. Ce serait assez surprenant de la part de ces Messieurs. Mais ne faisons pas de jugement téméraire. Je vais tâcher d'avoir des renseignements par Monsieur Lévy-Bruhl. Ne t'inquiète donc pas encore.

Travaille avec persévérance à ton Roman. Serais-tu d'avis de le faire paraître d'abord dans un Bulletin ?

Je te remercie de m'avoir envoyé les 2 numéros du Phare. Mais quelle tristesse pour moi de me rendre compte de l'aigreur et de la violence de ces querelles ! Et Santos et Nicoué sont compatriotes et catholiques. Qu'arrivera-t-il quand ces querelles s'élèveront entre chrétiens et musulmans, Brésiliens et Autochtones, etc. ? Ne nous décourageons pas et prions pour notre cher Dahomey.

J'espère toujours pour toi que Monsieur le Gouverneur à son retour de France te fera justice, mais je n'ose croire qu'il t'accordera sur tes adversaires cette satisfaction de te remettre à Cotonou.

Vous avez dû apprendre ces jours-ci même la grande nouvelle de la mort du T. Rnd Père Chabert[65]. C'est aujourd'hui qu'ont eu lieu les obsèques à Lyon. Je pouvais aller assister aux

---

[64] Laure, seconde fille en France de Paul Hazoumê, son nom est oublié dans cette lettre.

[65] Jean-Marie Chabert (1874-1933), né St Etienne des Ouillères (diocèse de Lyon), ordonné prêtre aux Missions Africaines en 1897, missionnaire en Égypte, élu 3ème supérieur général sma en 1910; c'est lui qui nomma Aupiais provincial de la province de Lyon.

funérailles, je m'en suis abstenu pour que ma présence ne suscitât pas de commentaires. Je n'ai pas à t'apprendre que c'est le R^nd Père Chabert qui a été le principal artisan de tous mes malheurs. Que Dieu lui pardonne ! Ma situation ne sera pas améliorée par cette disparition, au moins immédiatement. Mais cette mort me délivre néanmoins d'un adversaire qui eût été sans pitié pour moi pendant de longues années encore. J'ai à redouter ses collaborateurs qui vont être ses successeurs et qui m'en voudraient d'une mort qui paraît m'être avantageuse.

Je te prie de saluer amicalement, j'oserais dire affectueusement, tous les tiens.

Crois bien, Mon cher Paul, à mes sentiments les plus dévoués en N.S.

F. Aupiais.

Écris-moi bientôt.

P.S. Adolphe est-il de retour de voyage ?

Mes félicitations aux Gounous pour leur fête de l'Épiphanie.

Lettre 62

Baudonne, le 18 Juillet 1933

Mon Bien cher Paul

Je t'écris un peu tardivement pour que cette lettre prenne l'Asie du « 19 », cependant j'espère qu'elle sera rendue à Bordeaux avant le départ du paquebot.

Je te remercie de ta longue et si confiante lettre du 29 Mai. Oui, ton ami a eu raison de te parler des croix que nous devons porter et qui servent de rançons à d'autres bienfaits de la Providence. Cependant il serait préférable que cette Croix ne fût pas ton propre frère, et je ne désespère pas de vous savoir un jour prochain aussi unis par les idées et les sentiments que par le sang. J'ai souvent trouvé que Benou raisonnait assez bien, mais je comprends très bien qu'il ne doit pas avoir sur l'éducation les mêmes opinions que toi. Essaie de le convaincre.

Tes filles que je reverrai à Paris au début du mois d'Août chez Mr Denizot m'ont fait part d'un projet de vacances qui leur a été visiblement inspiré par leurs Maîtresses d'Amiens, et que je me suis bien gardé de combattre. D'ailleurs, il est très raisonnable. Elles viendront à Paris passer une semaine ou deux, puis elles iront se reposer dans la Maison de Campagne des Sœurs d'Amiens. Je t'écrirai de Paris aussitôt que je les aurai vues.

Ma nièce de St Père en Retz attend son 4ème bébé pour le mois d'Octobre, sa petite dernière n'a que 14 mois. Cela fait bien des complications à la maison, d'autant plus que mon neveu Francis vient de subir (avec succès) l'opération de l'appendicite. Je n'ai pas vu le moment favorable à un voyage de Claire et de Laure à St Père.

J'ai des nouvelles du Pacte dont l'impression n'avance pas. Il paraît que c'est Mr Mauss qui a le manuscrit entre les mains et qu'il le retouche, le retouche … Qu'arrivera-t-il à la fin ? Je vais tâcher d'en parler à Mr. Lévy-Bruhl s'il est à Paris au commencement d'Août. J'aurais bien cherché à voir Mr. Mauss, mais il sera en vacances à l'époque de mon séjour à Paris.

Mr. Jean Da Costa qui va passer quelques semaines à Porto-Novo pourra te donner de mes nouvelles, car nous nous sommes rencontrés à Paris.

Je te félicite des distinctions dont tu es l'objet. J'espère bien que tu en recevras de plus grandes encore quand tes livres auront paru. Travaille donc ferme.

J'ai appris que nos amis Mr et Mme Cyrille Agbo étaient descendus à Cotonou.

Mr Bouchaud ne vient que de m'écrire pour m'annoncer son retour en France. Je le verrai soit à Paris, soit à Nantes.

Offre mon bon souvenir à mes chers amis les Gounous et dis-leur d'attendre avec patience l'heure de Dieu. Salue bien de ma part ta chère et vénérée Maman, ainsi que les membres de ta famille à commencer par Benou et Godonou.

Crois bien, Mon cher Paul, à mes sentiments les plus dévoués en N.S.

F. Aupiais.

P.S. Pourrais-tu me donner quelques renseignements sur (Mr illisible) qui a été instituteur à Porto-Novo, à Grand Popo ? Était-il gentil pour vous, ses Collègues indigènes ?

Lettre 63

Baudonne, le 25 Septembre 1933

Mon Bien cher Paul

Ne sois ni désolé, ni contrarié de mon silence dont voici la cause et, je l'espère, l'excuse. J'ai pris de longues vacances, presque par ordre parce que mes Supérieurs me trouvaient fatigué, ce qui n'était pas tout à fait exact. Durant ces vacances, par nécessité un peu, par plaisir beaucoup, j'ai entrepris de nombreux voyages qui m'ont empêché de me recueillir pour t'écrire longuement et affectueusement, comme j'aime à le faire.

Cette lettre, qui prendra le courrier du 27 Sept, je te l'écris au retour de mon dernier voyage qui m'a fait aller d'ici à Lyon, pour notre retraite annuelle. Nos élèves sont presque tous revenus de vacances et nous commencerons ces jours-ci notre vie de labeur incessant.

Je suis allé à Paris, au mois d'Août, comme l'année dernière, et comme l'année dernière je n'ai pas trouvé toutes les personnes que j'aurais aimé rencontrer. Il m'a été impossible de rencontrer en particulier les personnes qui s'occupent de ton livre, Le Pacte, Mr et Mlle Rivet, Mr Lévy-Bruhl, Mr Mauss. J'ai appris cependant que Le Pacte était depuis un an entre les mains de Mr Mauss, qui, probablement, le revoit longuement, s'il ne le retouche … Aussitôt la rentrée d'Octobre j'écrirai à Mr Lévy-Bruhl qui a pour moi, une grande amitié afin de lui dénoncer la situation dans laquelle on t'a mis et qui risque de te décourager, sinon de te blesser dans le plus légitime des amours-propres. Avec Mr. Lévy-Bruhl, nous obtiendrons gain de cause. L'Institut d'Ethnologie vient de faire paraître un livre de l'un de mes amis : Monsieur Ricard[66] ; je puis t'assurer qu'il a bien fait les choses et que ce serait un grand bonheur pour toi si tu pouvais voir ton travail si magnifiquement édité. Ne perds donc pas patience. Je te communiquerai la réponse de Mr. Lévy-Bruhl, s'il m'écrit.

J'ai un mot à te dire de tes chères filles. Je suis allé à Paris au début du mois d'Août, un peu pour être plus sûr de les rencontrer car elles m'avaient écrit qu'elles seraient chez Mr Denizot à cette époque. Tout à coup, il y a eu d'autres nouvelles et elles m'ont appris, sans me donner leur adresse, qu'elles partaient pour les bains de mer. Je suis parti pour Paris quand même, je suis même allé visiter quelques plages du Nord de la France, et c'est à mon retour à St Père que j'ai trouvé d'elles une carte me donnant leur adresse sur l'une des plages de ce même Nord de la France. Pour la 2ème fois, j'ai le soupçon que la Directrice cherche à m'éloigner de Claire et de Laure, qui sont bien innocentes dans tout cela et à qui je conserve la plus paternelle affection. Il ne s'agit que d'un soupçon … ne donne donc pas suite à ma remarque. Je me propose d'écrire moi-

---

[66] Robert Ricard. *La conquête spirituelle du Mexique*. Paris, Institut d'Ethnologie, T. XX, 1933.

même à Madame la Supérieure pour lui exprimer mon étonnement.

J'espère que tu as reçu une lettre que j'ai dû écrire en Juin ou en Juillet. Il serait assez surprenant que l'on arrêtât la correspondance puisque tu ne fais pas de politique et que tu n'as jamais eu de relations suspectes avec la France. Il est vrai que tout arrive !

Je reçois fidèlement les journaux et bulletins du Dahomey et j'en suis très, très reconnaissant à ceux qui me les envoient. Je puis suivre ainsi, entre tous les autres évènements, les tristes méfaits de la crise, ce qui me fait compatir avec une véritable angoisse au malheur d'un grand nombre de nos chrétiens : les traitants et les employés de Commerce.

Des Pères vont bientôt vous arriver au Dahomey. Je te signale le Père Gautier[67], qui est bien connu et qui par ses conférences multiples a donné l'idée la plus avantageuse des populations dahoméennes. Je te signale aussi le Père Colin[68] qui vient tout droit de St Père-en-Retz et qui t'apportera des nouvelles de ma famille. Ma nièce attend pour le mois prochain son 4ème bébé. Mon neveu et filleul : Francis vient d'être opéré de l'appendicite avec le plus grand succès. Il est venu à Lourdes, au commencement de ce mois pour remercier la Sainte Vierge. Je l'y ai rejoint pour une journée. Le soir, j'ai fait à la Grotte une longue veillée qui a duré jusqu'à 2 heures du matin. Crois bien que je ne t'ai pas oublié. J'ai prié surtout pour que cesse le désaccord si malheureux entre Benou et toi.

---

[67] Antonin Gautier (1884-1966), né au Gâvre (Loire-Atlantique), ordonné en 1906, missionnaire en particulier au Dahomey, porta le souci du clergé africain, introduisit entre 1945 et 1948 le « *hanye* », musique traditionnelle fon, dans la liturgie catholique, décédé au Dahomey à Tchaourou.

[68] Alfred Colin (1899-1971), né comme le père Aupiais à St Père-en-Retz, missionnaire en Égypte et au Dahomey entre 1927 et 1941. Décédé à Allauch (Bouches du Rhône).

J'adresse cette lettre à Cotonou, comme tu me l'as indiqué.

Ces derniers temps, j'ai revu quelques-uns de mes grands amis de Paris, tous me restent fidèles et j'en suis très touché.

Crois bien, Mon cher Paul, à mes sentiments les plus dévoués et les plus affectueux en N.S.

F. Aupiais.

Lettre 64

Baudonne le 5 Nov 1933

Mon cher Paul

Comme je te remercie de la dernière lettre (au sujet du Père Tastevin[69]) qui m'a prouvé pour la millième fois que tu avais pour moi un attachement où la délicatesse la disputait à la générosité. Les occasions de m'être utile, de m'être agréable ou de me (illisible) ne te prennent jamais au dépourvu. J'ai été un peu surpris cependant d'apprendre qu'il me fallait aussi compter le P. Tastevin parmi mes adversaires. Pourtant, il m'a manifesté plusieurs fois sa sympathie. Mais dans la position où je me trouve on n'a d'amis que ceux qui le sont vraiment.

---

[69] Tastevin Constant. Prêtre spiritain. À écrit *Petite clef des langues africaines : Essai de manuel de linguistique africaine*. Vannes, Imprimerie Franciscaine Missionnaire, 1946. « L'auteur y expose sa thèse, selon laquelle dans les langues africaines, les termes principaux (nom, adjectif, verbe) sont formés de deux syllabes simples, composées chacune d'une consonne et d'une voyelle, les deux syllabes étant réunis par une nasale. Les pronoms, les adverbes, prépositions et conjonctions sont à l'état de monosyllabes. L'auteur ne tient aucun compte de l'accent tonique, dont il prétend l'importance beaucoup exagérée ». Cette thèse vaudrait ??? pour les « langues parlées par les Noirs du Sénégal au Cap et de Libreville à Zanzibar ». D'après le catalogue n° 126/2011 de la Librairie Kongo, France.

Ton enquête au Dahomey si rapide t'a fait comprendre une fois de plus comment sont établis les livres ethnographiques écrits par les Blancs, même certains Missionnaires. Il faut absolument plier les faits aux théories et aux systèmes de ces Messieurs ! Combien l'observation directe et désintéressée est supérieure à cette documentation superficielle et systématique !

Je te serais reconnaissant de m'écrire encore pour me dire quelle appréciation il a portée sur ma personne. Quant à la véracité de mes films, personne n'en a douté en France, excepté quelques personnes malintentionnées et quelques imbéciles.

Je t'annonce que le T. R[nd] Père Laqueyrie[70], notre Provincial, partira prochainement pour la Côte d'Ivoire et le Dahomey. Nos amis les Gounous pourront peut-être faire une demande auprès de lui, en faveur de mon retour à Porto-Novo. Mais je te donnerai quelques instructions plus précises au moment opportun.

J'ai attendu la rentrée des Universités qui a lieu ces jours-ci pour écrire à Monsieur Lévy-Bruhl lui-même au sujet de ton livre. Ne perds pas espoir.

Nous avons commencé péniblement l'année scolaire, beaucoup d'ennuis au moins pour le Supérieur.

Je suis allé à la rencontre de Marcellin Apithy lors de son débarquement à Bordeaux, et j'ai pu m'occuper utilement de lui, grâce surtout à mes relations avec Monsieur Garrigou-Lagrange. Marcellin suit les cours de l'École de Commerce.

Louis Pinto[71] doit être au Dahomey. J'ai voulu le voir au moment de son départ de Bordeaux, mais je l'ai manqué, étant

---

[70] Édouard Laqueyrie (1878-1950), né à Cazillac (Lot), ordonné prêtre aux Missions Africaines en 1901, missionnaire en Egypte, remplace le père Aupiais comme provincial de Lyon de 1931 à 1937, décédé à la Croix-Valmer.

[71] Louis Pinto (1947-1984), originaire de Porto-Novo, avocat, sénateur de 1946 à 1955, décédé en France, à Dourdan (Essonne).

arrivé au port, une heure après que son bateau avait levé l'ancre.

Offre mon bon souvenir à Monsieur et à Madame Agbo.

Tâche de voir le Père Colin qui arrive de St Père où il y a une nouvelle naissance.

Crois bien, Mon cher Paul, à mes sentiments les plus affectueux en N.S.

F. Aupiais.

Lettre 65

Baudonne, le 24 Novembre 1933

Mon bien cher Paul

Je viens enfin d'apprendre ce que devient ton manuscrit à l'Institut d'Ethnologie. Je me suis adressé pour cela à Monsieur Lévy-Bruhl lui-même, comme j'avais promis de le faire. Monsieur Lévy-Bruhl m'apprend

1. que l'Institut est toujours décidé à imprimer ton livre.

2. mais qu'il faut faire à ton manuscrit des retouches indispensables.

L'on va donc te renvoyer ton manuscrit, mais, en même temps, on me prie de t'annoncer qu'un ethnologue du Trocadéro[72] sera

---

[72] Il s'agit de Bernard Maupoil dont le nom va paraitre dans des lettres à venir. Né en 1906 à Paris, issu de la grande bourgeoisie française, administrateur des colonies, surtout en Afrique Occidentale, en même temps ethnologue, mort en déportation en 1944 à Hersbruck (Dachau). À laissé un important ouvrage : *La Géomancie à l'ancienne Côte des Esclaves*, édité à l'Institut d'Ethnologie en 1943 (Travaux et Mémoires n° 42)

105

bientôt à Porto-Novo où il se rend en mission. Ce Monsieur aura pleins pouvoirs pour réviser ton livre <u>avec toi-même.</u>

On ne pouvait rien désirer de mieux, et je te conseille d'accepter loyalement les propositions que te fera l'ethnologue en question au sujet de ton texte. Mais je ne puis te cacher que je me méfie de cet envoyé de Monsieur Mauss. Quelles modifications te proposera-t-on ? S'il s'agit de certains mots comme : primitifs, mystiques, fétiches, sorciers, etc. je ne vois pas d'inconvénients à ce que tu acceptes de remplacer ou de supprimer ces mots. Peut-être même pourras-tu accepter l'introduction de certains autres mots, sois circonspect quand il s'agira de la « magie », de « tabous », des « totems », mais ne sois pas intransigeant. Je ne pense pas que l'on voudra changer le caractère documentaire, objectif de tes renseignements, tu t'y refuserais certainement. En résumé, sois confiant dans l'Institut d'Ethnologie qui fera un beau sort à ton travail, et accepte les conseils de gens qui sont vraiment des spécialistes. Si tu avais des incertitudes, même des inquiétudes, tu aurais toujours la ressource de prononcer mon nom et de prier l'ethnologue du Trocadéro de me voir à son retour en France. Mais j'espère bien que tu ne seras pas obligé d'en venir là.

En tous cas, ne retire pas ton manuscrit de l'Institut sans une cause très grave, ou sans me demander conseil, parce qu'aucune association scientifique ne peut mieux te lancer et t'accréditer que cet organisme.

Cette lettre prendra le bateau du (28 ?) Nov. sur lequel s'embarquera notre Provincial, le R.P. Laqueyrie. Dis à nos amis d'être prudents, mais qu'ils soient droits, simples et sincères dans ce qu'ils entreprendront. Laisse-moi te dire que le Père Laqueyrie ne peut rien pour moi, tant que Monseigneur Steinmetz me fermera les portes du Dahomey. Le Père Parisot et le Père Gautier pourraient te donner de judicieux conseils au sujet de ces démarches.

Je prie pour toi et ta famille. Présente mon bon souvenir à nos amis de Cotonou, en particulier à Mr et à Mme Agbo.

Crois bien, mon cher Paul, à mes sentiments les plus affectueux en N.S.

F. Aiupiais.

P.S. As-tu appris quelque chose au sujet du Père Tastevin ?

Lettre 66

Baudonne, le 5 Janvier 1934

Mon bien cher Paul,

J'espère que ce mot que je porterai tout à l'heure à la gare de Bayonne pourra prendre le courrier de demain et te parvenir à la fin de Janvier.

Merci, mon cher Paul, de tes vœux si affectueux et de tes prières si ferventes. Ta lettre du 17 Déc. est arrivée ce matin. Cette année 1934 sera pour moi ce que Dieu voudra, mais je désire comme toi qu'elle me rapproche de notre cher Dahomey, ce serait pour moi le comble de ce que je puis souhaiter.

J'ai été bien ému, hélas jusqu'aux larmes, d'apprendre que le Père Colin avait été nommé à Porto-Novo. Pourquoi suis-je retenu si longtemps en France ? Fiat !

Mes prières pour toi au Nouvel An et déjà à Noël ont été nombreuses et ardentes, mon cher Paul. J'ai commencé par penser à ta chère Âme dont je souhaite tant qu'elle vive en état de grâce et qu'elle reçoive son Dieu dans la Communion. Puis j'ai prié pour ta Mère, pour Gbenou, ses enfants et les tiens, tes frères et sœurs. Enfin, j'ai demandé que cette année soit une récompense pour tes travaux intellectuels. Oui, bonne, très bonne année pour tout, et pour tous.

Maintenant que j'ai ta réponse au sujet du Pacte, je vais écrire à Monsieur Lévy-Bruhl qui est très bon, pour lui dire combien tu souffres de ces atermoiements. Mais de ton côté, prends patience, arme-toi de courage, rien n'est perdu du côté de l'Institut d'Ethnologie. Même ces retards indiquent que l'on tient à ton livre, qu'on ne veut pas revenir en arrière et qu'il paraîtra. Mais un Institut n'est pas un éditeur ! Celui-ci est un commerçant avisé et intéressé, celui-là travaille pour la science et pour l'avenir. Le premier va à l'argent et est pressé, le second manque parfois d'argent et part à temps sans se soucier de courir.

J'attendrai la lettre que tu as reçue de (la jeune ?) qui n'est pas un groupement important, que je sache.

Quel est le nom de ce jeune administrateur, membre de l'Institut ?

Le Père Tastevin ne publie pas encore ses notes, il se contente d'en faire un cours à l'Institut Catholique.

Tu as raison de travailler à ton Roman auquel je pense souvent, quand j'enseigne l'histoire romaine à mes élèves, car les Dahoméens auraient mérité d'avoir un Romulus comme les habitants de Rome, ou un Clovis comme les Francs.

J'ai écrit à tes filles ces jours-ci. Il me semble que la Supérieure ne met aucune hâte à entrer en relation avec moi. Je lui écrirai directement.

Oui, tu m'as annoncé la mort du cher Président des Gounous, notre Zanou (Paul) qui avait tant de bon sens, tant de perspicacité et tant de dévouement. Je n'ai pas osé écrire à Porto-Novo pour présenter mes condoléances au Comité.

Crois bien, mon cher Paul, à mes sentiments les plus dévoués en N.S.

F. Aupiais.

P.S. Présente mes vœux de bonne année à Madame Élisabeth Bill. J'écris à Cyrille.

Lettre 67

Baudonne, le 20 Janvier 1934

Mon bien cher Paul

Je juge nécessaire de t'écrire pour te parler de Mlle Théodora Campos qui vient de rentrer à Porto-Novo, après avoir quitté la Congrégation dans laquelle elle avait été admise provisoirement, en attendant ses vœux perpétuels.

Je puis te dire d'abord que depuis ses vœux à la Colonie (Togo et Côte d'Ivoire), elle a beaucoup souffert d'humiliation et de vexations de la part de ses compagnes au point que Monseigneur Cessou et Monseigneur Diss[73] n'ont cessé de la défendre et de la justifier, puis qu'il s'est passé des choses assez extraordinaires dans sa Congrégation.

Cette Congrégation a été fondée par deux sœurs, les demoiselles Munet. L'une : Alice est morte comme une sainte. L'autre : Thérèse a écrit sa vie qui est très belle. Ces deux femmes ont aimé les Noirs, comme aucun Missionnaire ne les a aimés. Je crois que Mlle Thérèse qui était la fondatrice et supérieure générale de son Institut a témoigné à Mlle Campos quand celle-ci était à Menton une grande sympathie dont ses futures compagnes du Togo et de la Côte d'Ivoire étaient jalouses et qu'elles lui ont fait expier en Mission. Et cela d'autant plus impunément que Mlle Munet a été mise à la porte

---

[73] Joseph Diss, né à Strasbourg le 24.01.1879, ordonné prêtre dans la société des Missions Africaines le 7.07.1901, préfet apostolique de Korohogo (C.I.) le 21.07.1921, décédé à Haguenau (Bas-Rhin) le 12.09.1963.

de la Congrégation qu'elle avait fondée, en lui sacrifiant toute sa fortune[74]. Mlle Campos n'a donc eu aucun soutien.

Au fond, de quelque côté que l'on regarde, l'on trouve ici comme partout la question indigène, car Mlle Munet a été sacrifiée à cause de sa négrophilie.

Je t'envoie ces quelques aperçus pour éclairer ta religion et te permettre de rectifier quelques erreurs s'il s'en commettait en ta présence.

Ton affectueusement dévoué en N.S.

F. A.

P.S. Les journalistes du Dahomey ont beau jeu, après l'histoire de cette circulaire[75]. La position du Gouverneur est intenable.

Lettre 68

Baudonne, le 18 Mars 1934

Mon bien cher Paul

J'ai hâte de recevoir de tes nouvelles et je suis un peu déçu de n'avoir pas eu un mot de toi au dernier courrier arrivé cette semaine. J'espère que cette lettre partira par le courrier du 20 Mars.

Une curieuse coïncidence m'a fait rencontrer Mr le Docteur Lacommère qui est originaire des Landes. Nous étions voisins de table à un banquet organisé pour une « Journée Agricole ». Mr le Docteur Lacommère m'a parlé des Dahoméens, en

---

[74] Le père Aupiais est ici amer et cela lui fait dire des choses inexactes. Il est vrai que Thérèse Munet a été démis de ses fonctions de supérieure générale par le Père Chabert, mais en 1934 elle est responsable de la communauté qui gère un foyer ouvert en 1933 à Toulon pour les militaires africains.
[75] Circulaire que nous n'avons pas.

général, avec beaucoup d'éloges. Il a bien étonné nos voisins de table quand il a expliqué de quoi ils étaient capables, au point de vue technique, des Médecins-Auxiliaires comme M. Elisha et des Sages-femmes comme Mme Oliviera. Enfin, il en est venu à parler de toi et il t'a représenté comme un homme remarquablement intelligent et d'un caractère d'une parfaite droiture. De telles paroles m'ont rendu bien heureux, comme tu le penses. J'espère revoir Monsieur le Docteur qui passe son congé à 25 kilomètres d'ici.

Tes filles viennent de m'écrire avec leur gentillesse ordinaire. Elles étaient sans nouvelles de toi. Je leur ai demandé de bien me renseigner sur leurs études. Je voudrais pouvoir les suivre et les encourager sur leur travail. Je leur ai écrit que j'avais rencontré Mr le Dr Lacommère qui m'avait parlé de leur papa dans les termes que tu sais.

Je m'attends à recevoir bientôt de tes nouvelles et j'apprendrai alors ce que devient le « Pacte ». Mais je ne désespère pas de son sort à l'Institut d'Ethnologie. J'apprendrai aussi qui dirige les Études du Dahomey et si Casimir d'Almeda a été réélu.

Je voudrais te demander deux services importants :

1. Faire dire à Zounon par une personne sûre que j'ai bien reçu sa dernière lettre, que je l'en remercie mais qu'il m'est impossible de lui répondre en ce moment au moins (si le Père Laqueyrie est au Dahomey, comme je crois.)

2. Me dire, en toute sincérité, si la population scolaire et la population tout court trouvent à leur goût les <u>illustrations</u> des deux livres : Contes de la Brousse (et) Mamadou et Binetta[76], livres très bien faits au point de vue pédagogique. Je ne suis pas sûr que l'on ne se trompe pas de méthode en remplissant de personnages et de choses indigènes les livres destinés aux

---

[76] *Contes de la brousse et de la forêt*, d'A. Davesne et J. Gouin, *Mamadou et Bineta*, de Davesne, ouvrages édités à partir de 1926.

Indigènes, surtout quand les personnages rappellent trop les habitations, les costumes, les coutumes trop broussardes…

Je te prie de présenter mon meilleur souvenir à la famille Agbo et à tous nos amis de Cotonou. Salue bien amicalement de ma part les membres de ta famille à commencer par ta chère Maman.

<u>Confidentiellement</u> : On croit à Bordeaux que Marcellin Apithy a eu des difficultés avec l'agent Général de la Cie.F.A.O. Je voudrais bien démentir les bruits tendancieux qui circulent à ce sujet autour de Marcellin et qui lui ont fait tort (il ignore tout).

Crois bien, Mon cher Paul, à mes meilleures prières et à mes sentiments les plus dévoués en N.S.

F. Aupiais.

Lettre 69

Baudonne, le 20 Mai 1934

Mon bien cher Paul,

J'ai reçu le même jour ta longue et bonne lettre du 28 Avril et la lettre ci-jointe de Mlle Rivet[77]. J'attends la réponse que l'on va me faire ces jours-ci.

Je te répète, Mon cher Paul, ce que t'ai toujours dit : Aucun éditeur, aucune institution, aucun comité ne peut mieux lancer un livre ethnographique que l'Institut d'Ethnologie du Dr Rivet, de Mr Lévy-Bruhl et de Mr Mauss à la seule condition ou plutôt avec la seule réserve que ces Messieurs ne toucheront pas au texte de l'Auteur. Attendons donc les évènements qui

---

[77] Nous n'avons pas cette lettre.

vont se produire ces jours-ci. En tous cas, tu pourras toujours remettre la main sur ton manuscrit quand il sera à Porto-Novo.

J'ai écrit à la Directrice de la Sainte Famille à Amiens, il y a une dizaine de jours et je n'ai encore aucune réponse. Je vais récrire. S'il faut, je prierai le père Paichoux[78] de passer à Amiens pour voir tes filles et surtout la Directrice. Mais je me propose d'aller moi-même à Amiens, au mois d'Août ou au mois de Septembre si je ne reçois pas les renseignements que je demande.

Tu as raison d'être surpris, peiné et presque indigné du silence de la Directrice à ton égard. D'habitude ces sortes de personnes sont plus serviables, ne serait-ce que par intérêt. Cependant, tes enfants ont l'air de se plaire dans cette maison, c'est donc que l'on s'occupe de leurs personnes et de leurs études d'une manière satisfaisante.

Je pense souvent, souvent, au Dahomey, ces jours-ci, peut-être parce que j'ai reçu longuement Monsieur Helciaz Soarez et Madame Vve Melfort.

Mes Supérieurs se préoccupent-ils de me renvoyer en Mission ? Je crois bien que non. Ma situation devient ici un peu délicate. Au début, j'ai pu passer inaperçu. Mais mon nom était connu et peu à peu on a appris qui j'étais de sorte que les prêtres de la région m'entourent de beaucoup de considération, se demandant seulement pourquoi je suis enfermé à Baudonne.

Tiens-moi au courant de ce qui s'est passé à Porto-Novo, lors du passage du R.P. Provincial. Mais qui aurait pu faire une démarche auprès de lui ? Tu l'as bien dit, comptons

---

[78] Célestin Paichoux (1875-1958), né à Tréboeuf (Ille et Vilaine), ordonné prêtre aux Missions Africaines en 1898, missionnaire au Dahomey (Porto-Novo) jusqu'en 1919, décédé à Ste Foy lès Lyon.

uniquement sur nos prières et soumettons-nous d'avance à la Volonté de Dieu.

Les hommes politiques au Dahomey ne sont vraiment pas dignes de la haute mission qu'ils ont à remplir au nom de leurs compatriotes puisqu'ils sont si intéressés et si peu loyaux.

Crois bien, Mon cher Paul, à mes sentiments les plus dévoués, en N.S.
F. Aupiais.

Copie d'une lettre de Marcel Mauss adressée au Père Aupiais et que celui fait suivre à Paul Hazoumê.

UNIVERSITÉ DE PARIS
INSTITUT D'ETHNOLOGIE
191 RUE ST JACQUES
PARIS (5ème)

7 Juin 1934

Mon Révérend Père

J'ai expédié hier par l'intermédiaire de Monsieur Maupoil, notre élève et ami de Monsieur Hazoumê le manuscrit sur le Pacte du Sang. J'ai consigné les observations que j'ai cru devoir faire et les corrections nécessaires. Avec l'aide de Monsieur Maupoil, le manuscrit nous reviendra dans quelque temps prêt à l'impression.

J'ai tardé à l'expédition de ce manuscrit n'ayant pu jusqu'ici dans une année très surchargée prendre le temps nécessaire pour revoir et corriger le travail.

Ceci dit soyez sûr que nous serons tous très heureux de voir bientôt ce livre qui sera sans nul doute considéré par tous comme faisant honneur à Monsieur Hazoumê et à vous.

Respectueusement vôtre

Marcel Mauss

P.C.C. : F. Aupiais

Lettre 71

Baudonne, le 9 Juin 1934

Mon bien cher Paul

Je fais partir immédiatement la lettre de Monsieur Mauss que j'ai reçue ce matin, tu la trouveras sous ce pli (une copie). Faut-il dire : tout est bien qui finit bien ? Tu le sauras avant moi quand tu te seras rendu compte des corrections imposées par Mr Mauss.

Monsieur Maupoil vient de m'écrire pour me demander de (lui : sic) aider à diriger ses recherches ethnographiques. Je lui répondrai froidement. Ces jeunes savants ont tort de croire qu'il suffit pour faire de l'ethnographie d'avoir du papier, des mines de rechange pour son crayon et un bon interprète. Les interviews ne suffisent pas aux réponses d'une enquête sur les mœurs d'un pays et surtout sur sa religion. Il faut 's'imprégner' soi-même, pour ainsi dire, de la vie indigène ; il est nécessaire pour cela de vivre près des Noirs, de leur consacrer sa vie, du moins un temps bien long. Ce jeune homme doit être sympathique puisqu'il m'avait été recommandé par Monsieur Massignon[79], Professeur au Collège de France.

Mon cher Paul, je te prie, je te supplie de laisser ton manuscrit entre les mains de ces Messieurs de l'Institut d'Ethnologie qui lanceront ton livre comme un modèle du genre, ce qui te donnera une consécration d'une valeur unique. Laisse de côté

---

[79] Louis Massignon (1883-1962), universitaire et islamologue.

le froissement que tu as éprouvé de leur lenteur. Renonce surtout à toutes les offres qui peuvent t'être faites. L'Institut d'Ethnologie de Paris a une réputation européenne, sinon mondiale. Ton nom et ta méthode acquerront donc d'un seul coup une grande notoriété.

Je ne puis ni te tromper dans une matière aussi grave, ni me tromper ; dans l'intérêt que je te porte, vois donc Mr Maupoil le plus tôt possible. Je ne pense pas que les corrections portent sur autre chose que sur des points de détail. Abandonne sans regret le mot « mystique » auquel tu avais paru attaché. Tu sais ce que je pense sur la partie critique.

À chaque jour suffit sa peine. Je t'écrirai une autre fois au sujet de Claire et de Laure.

Offre mon bon souvenir à ta Maman, à Gbenou et à nos amis.

Crois bien, Mon cher Paul, à mes sentiments les plus dévoués en N.S.

F. Aupiais.

P.S. De loin, il me semble que le succès de Nicoué est surtout un succès 'Mina'.

On m'apprend que Louis Pinto est revenu en France et reparti pour la colonie. Il ne m'a pas signalé son retour au Dahomey.

Lettre 72

Lettre de l'Institut d'Ethnologie arrivée à Cotonou le 17 Nov. 1934, avec copie corrigée de l'Introduction ou Proenotanda du Pacte du sang.

Lettre 73

Baudonne, le 20 Nov. 1934

Mon Bien cher Paul

Je suis bien inquiet au sujet de ton silence. J'espère cependant recevoir bientôt un mot de toi. Je n'attends pas ce mot pour t'écrire parce que je veux te parler d'un prêtre qui s'embarquera demain à Bordeaux pour le Togo et le Dahomey et que j'irai conduire à bord de l'Asie. Je partirai en effet demain matin pour Bordeaux.

Ce Prêtre : Monsieur le chanoine Grill[80], Directeur de l'Enseignement religieux du Diocèse de Quimper est un pédagogue qui fait autorité dans nos milieux. Il va en Afrique pour mieux connaître ce pays et ainsi mieux 'adapter' les livres d'enseignement primaire qu'il prépare pour nos Écoles Confessionnelles. Je ne connais pas ce prêtre, que je rencontrerai demain pour la première fois, mais nous nous écrivons depuis un an et j'ai conçu pour lui une véritable estime. D'autre part, je voudrais bien que ses livres s'inspirassent de sentiments vraiment indigénophiles, c'est pourquoi, je ne lui ai pas marchandé ma collaboration.

Je lui donnerai ton nom pour le cas où il irait à Cotonou. Je lui conseillerai d'ailleurs de rendre visite aux Inspecteurs de l'Enseignement de Dakar, de Lomé et de Porto-Novo.

Donne-moi vite des nouvelles du « Pacte » et aussi des nouvelles de Mr Maupoil à qui je dois ma réponse et à qui je ne veux pas écrire avant d'avoir une lettre de toi.

---

[80] Chanoine Corentin Grill, auteur avec André Davesne de syllabaires à l'usage des écoles africaines. Il est né à Langolen (Finistère) en 1889, ordonné prêtre pour le diocèse de Quimper en 1913, en 1919, inspecteur de l'enseignement catholique et décédé en 1975.

J'ai de très belles photographies de tes filles, je te les enverrai. Ma dernière lettre à leur sujet a dû t'apporter une grande désillusion. Je partage la peine que tu en as ressentie. Nous tâcherons de tirer le bien du mal, mais ne te fâche ni contre Claire et Laure, ni contre leurs Maîtresses.

Je suis avec anxiété la malheureuse affaire de la (Voix ?). Je n'ai pas oublié les (intentions ?) que nous avons eues à ce sujet. Le n° du Phare qui est consacré à cette affaire ne me paraît pas noble. Mais je suis loin pour juger de tout cela.

Je pense souvent à toi et à ta famille dans mes prières.

Crois bien, Mon cher Paul, à mes sentiments les plus dévoués en N.S.

F. Aupiais.

Lettre 74

Baudonne, le 19 Décembre 1934

Mon bien cher Paul

Cette lettre qui partira le 22 de Bordeaux te parviendra vers l'Épiphanie, c'est-à-dire tout au commencement de l'année et à un moment où mes pensées se reportent plus volontiers vers le cher Porto-Novo. Crois bien, Mon cher Paul, que je l'accompagne de toute mon affection, de toutes mes prières pour toi et ta famille.

Je te souhaite donc une bonne année, c'est-à-dire une excellente santé, puis le succès dans ta profession, enfin la réussite de tes projets scientifiques. J'ajoute à ces vœux d'autres vœux plus intimes dont tu connais le caractère.

Je joins à cette lettre trois photographies, les deux groupes où je me trouve sont ceux que j'ai fait exécuter lors de mon voyage à Amiens, la troisième photographie a été tirée par le photographe lui-même pour qu'il l'expose dans sa vitrine car il trouvait Claire et Laure très photogéniques. Malheureusement, il ne m'a envoyé qu'une très imparfaite épreuve. Je me permets de te conseiller de lui en commander quelques belles épreuves. En me joignant à tes filles, j'ai voulu dans le groupe où nous sommes tous debout te donner l'idée de leur taille. Elles ont en effet beaucoup grandi.

Parlons du Pacte et parlons-en franchement : tu me communiques trop tard une lette que tu as reçue à la fin de Juin. Si j'avais eu connaissance plus tôt de cette lettre, je t'aurais dit de voler à Porto-Novo, de te mettre au travail avec Mr Maupoil, c'était une affaire de 3 ou 4 jours, une semaine au plus après les heures de service de Mr Maupoil et ton manuscrit serait actuellement presque imprimé. Pourquoi n'as-tu pas profité de tes vacances pour faire ce travail ? Je crois deviner que c'est surtout parce que tu ne t'es pas senti attirer vers Mr Maupoil qui, lui-même, n'a pas dû manifester une grande sympathie. Si tu n'es pas capable de surmonter le sentiment d'éloignement que tu éprouves pour Mr Maupoil, l'impression du Pacte par l'Institut est bien (compromise ?). Et ce serait presque un malheur d'échouer ainsi au port. Les retouches que te demande Monsieur Mauss ne me paraissent pas excessives. <u>Fais-les</u> et envoie-moi ensuite le manuscrit ; dans la mesure où mon affection pour toi peut te commander, c'est un ordre que je t'envoie.

Monsieur Maupoil à qui je n'ai pas envoyé une réponse que je lui dois parce que j'attendais depuis 4 mois ta lettre au sujet du Pacte, Monsieur Maupoil travaillera contre toi, comme il l'a fait déjà contre moi, (parce que ?) les reproches que Mr Mauss me fait concernant mon attitude trop peu empressée, au sujet de son disciple.

Je suis très très occupé, ces jours-ci, mais si je puis en trouver le temps, j'écrirais à monsieur Maupoil pour lui demander de

prendre les devants pour votre rencontre éventuelle et peut-
être pour votre réconciliation.

Crois bien, Mon cher Paul, à mes sentiments les plus dévoués
en N.S.

F. Aupiais

P.S. J'aurais pu « continuer » la présente lettre par celle qui est
jointe à ce pli. J'ai préféré pour la commodité faire deux lettres
différentes.

Lettre 75

Baudonne, le 19 Décembre 1934

Mon cher Paul,

Je t'écris pour te demander un grand service de la part de
Monsieur Francisque Gay. Voici ce dont il s'agit : La Maison
Bloud et Gay[81] désire organiser une vente de charité au profit
de ses Journaux d'opinion pour le début de Mars et Monsieur
Gay voudrait avoir un comptoir exotique. Naturellement, il a
pensé au Dahomey, à cause de la réputation artistique de ce
pays. Il m'a donc demandé si je pouvais lui procurer des
curiosités artistiques au Dahomey. Je lui ai répondu que je
m'adresserai pour cela aux délégués dahoméens qu'il a reçus
chez lui, au moment de l'Exposition Coloniale.

Je te serai donc reconnaissant, Mon cher Paul, de communiquer
cette lettre à M. M. Casimir d'Almeida, Georges Tovalou, Louis
Pinto, Cyrille Aguessy[82], à Madame Delphine Koko.

---

[81] Bloud et Gay : Maison d'édition parisienne fondée sous ce nom en
1911, rachetée en 1954 par les éditions Desclée.

[82] Cyrille Aguessy, auteur avec A. Akindele de l'ouvrage 'Contribution
à l'étude de l'histoire de l'ancien royaume de Porto-Novo', Mémoires de
l'Ifan-Dakar, n° 25, 1953.

Que pourriez-vous faire en 15 jours ou 3 semaines pour recueillir des spécimens intéressants de l'Art Dahoméen ? Peu de chose évidemment. Je crois qu'il faudrait vous limiter à la vannerie, et parmi les objets de vannerie : aux éventails, dont j'ai eu moi-même une très belle collection. Il faudrait évidemment, que ces éventails aient un caractère local, ne portant pas de dessins européens.

Comment les payer ? Je pense que Monsieur Gay vous dédommagera. Il serait aussi souhaitable que chacun de vous offrit une certaine somme : 25 Frs par exemple. Je m'inscris pour 50 Frs de mon côté.

Comment les expédier ? En colis postal et à mon adresse si le courrier apportant ce colis arrivait vers le 25 Février.

Je n'ose parler de cuivres parce que vous n'auriez pas le temps de les commander et de les faire venir d'Abomey ou de Zagnanado. Et puis les cuivres doivent être très chers, excepté peut-être les sujets isolés comme les batteurs de tam-tam, les laboureurs (piochant), les porteurs ou les porteuses.

Crois bien, Mon cher Paul, à mes sentiments les plus dévoués en N.S.

F. Aupiais

Baudonne, le 8 Février 1935

Mon cher Paul

Je n'ai que le temps de t'écrire quelques lignes pour joindre au mandat de 50 Frs que tu trouveras ci-inclus. Je compte beaucoup sur l'envoi des éventails que je t'ai demandés dans une dernière lettre pour la vente de charité de la Librairie Bloud et Gay.

Si les cotisations que tu as recueillies de la part des Dahoméens qui ont été reçus par Monsieur Gay[83] te le permet (tent ?), joins à l'envoi des éventails quelques autres objets comme des cuivres. Mais en si peu de temps, il faut savoir se borner et je serais d'avis que tu te bornasses à de la sparterie et en particulier aux éventails (100 ou 150), très indigènes. Il faut que l'expédition soit faite au début de février, et adressée de préférence à Baudonne.

Sentiments très affectueux en N.S.

F. Aupiais.

Merci de tes renseignements au sujet 'presse locale'. Tu sais de quel côté je suis.

---

[83] Francisque Gay (1885-1963), homme politique et éditeur (Bloud et Gay).

Baudonne, le 5 Mars 1935

Mon Bien cher Paul

Je t'envoie ces quelques mots pour profiter du courrier du 6 Mars ayant manqué déjà celui du 26 Février.

Mon cher Paul, fais-moi pardonner mon retard à nos amis de l'Exposition et excuse-moi toi-même de mon silence. Notre maison ne cesse d'être éprouvée par la maladie depuis 3 mois, et la fin de Février a été particulièrement pénible. Nous avons eu et nous avons encore la grippe parmi les élèves et les professeurs et je suffis à peine à la tâche de soigner tout le monde. De plus, un Père a subi une grave opération.

La caisse est arrivée à Bordeaux. Je l'ai su un peu tard, elle a dû parvenir à Paris pour le jour voulu et Monsieur Gay a dû en être bien content. Vous le saurez aussitôt que cela sera possible.

Remercie provisoirement MM. Tovalou et C. d'Almeida en attendant que je le fasse moi-même. Je suis très touché de ce que vous avez fait.

L'adresse du photographe est : Mr Raphaël Caron, photographe à Amiens. Il est inutile d'indiquer la rue.

Mr Maupoil m'a écrit une lettre un peu étrange : il croit que je l'ai desservi auprès de Mr Lévy-Bruhl.

Excuse cette brève carte.

Crois bien, Mon cher Paul, à mes sentiments les plus affectueux en N.S.

F. Aupiais.

Lettre 78

Baudonne, le 20 Mars 1935

Mon cher Paul

Hier, Fête de St Joseph, le Journal « La Croix[84] » nous a rapporté une heureuse, j'oserais dire une triomphante nouvelle : il nous apprenait en effet que le cher Père Parisot était nommé Vicaire Apostolique au Dahomey, en remplacement de Monseigneur Steinmetz.

Plusieurs noms étaient prononcés depuis quelques mois, pour ma part, je n'ai eu qu'un candidat : celui que Rome a choisi et qu'elle devait choisir parce qu'il est le plus digne, le plus capable. Sa longue carrière missionnaire qui s'est écoulée dans l'activité la plus apostolique (chez les Adjas[85]) ou dans les fonctions les plus élevées (Supérieur au Séminaire), sa carrière missionnaire a toujours et de plusieurs manières révélé les qualités de son âme, la culture de son esprit et les qualités toutes personnelles de sa nature : exquise sensibilité, grande bonté, en même temps que fermeté de caractère. Soyez heureux, le Bon Dieu veille sur votre cher pays.

Tu penses bien, Mon cher Paul, que j'ai accueilli cette nouvelle avec une joie toute particulière, puisque le Père Parisot m'a gardé sa précieuse amitié. Cependant, je ne me hâte pas de prévoir l'avenir et de compter sur un prochain retour au Dahomey. Je viens d'écrire à Monseigneur Parisot lui-même pour lui demander d'attendre son retour en France avant de statuer sur mon cas. Il comprendra que j'ai voulu dire par là que la fin de mon exil dépend surtout de nos Supérieurs à

---

[84] *La Croix*, journal catholique, fondé en 1883 par les pères assomptionnistes.

[85] Les *Adjas* forment un groupe ethnique au sud-ouest du Dahomey (Bénin).

Lyon. Mais l'opposition qu'ils peuvent faire à mon retour en Mission ne sera pas éternelle et quand ils finiront par changer d'attitude à mon égard, dans un an ou deux, je pourrai compter à ce moment sur le bon accueil de Monseigneur Parisot. Malheureusement, j'approche de la soixantaine, mais, Dieu Merci, je suis encore alerte et bien portant.

Je viens d'écrire à Casimir d'Almeida et à Georges Tovalou, leur transmettant la lettre de remerciement que Mr Gay m'a adressé et qu'ils te communiqueront.

La précieuse caisse est arrivée assez tôt à Paris où elle a eu un grand succès. Merci, Mon cher Paul, de l'activité si dévouée et si compréhensive que tu as déployée à cette occasion.

Mr Maupoil m'a écrit une lettre un peu amère me reprochant de l'avoir desservi auprès de Mr Lévy-Bruhl. Je lui ai répondu pour lui expliquer mon attitude et pour le consoler aussi de sa récente disgrâce. A-t-il corrigé le manuscrit ? Le temps presse, car les Librairies n'aiment pas faire paraître leurs livres au début de l'été, moment peu favorable pour la vente.

Écris-moi le plus tôt possible.

Je m'occupe beaucoup d'Augustin Azango et (de ?) (je te dis cela pour toi seul).

Continuons de nous écrire souvent.

Je ne cesse de prier pour toi et pour les tiens.

Salue nos amis communs de Cotonou en particulier Mr et Mme Agbo.

Crois bien, mon cher Paul, à mes sentiments les plus affectueux en N.S.

F. Aupiais.

(N.B. Aucune lettre pendant les 3 derniers trimestres de 1935.)

Baudonne, le 2 Janvier 1936

Mon Bien cher Paul

Le « Pacte » est arrivé à bon port. Je l'ai reçu avec une véritable émotion, songeant aux efforts qu'il t'a coûtés et à sa destinée qui ne manquera pas d'être glorieuse. Je l'ai adressé presque immédiatement à Mlle Rivet qui n'en a pas encore accusé réception, à cause des congés qui ont lieu au moment des Fêtes de Noël et du Nouvel An.

Je te tiendrai au courant de tout ce qui va se passer au sujet de l'impression de ton livre, dont je corrigerai les épreuves comme tu en avais manifesté le désir il y a 4 ans.

Un autre « grand jour » sera celui où le Pacte sortira de l'imprimerie à l'état de livre. Quelle joie et quelle récompense pour toi, mon cher Paul, et quel encouragement aussi, car tu vas continuer tes travaux, les développer même et les intensifier. J'espère que tu feras école et que tes collègues, ayant entendu ta Conférence de Porto-Novo, se mettront aussi au travail de la documentation que votre Inspecteur Général semble vouloir beaucoup encourager.

La lettre que tu viens de m'écrire pour annoncer l'arrivée du Pacte ne fait aucune allusion à celle que je t'ai adressée par avion dans la même semaine où j'ai appris que tu avais été victime d'un terrible incendie. Si tu n'as pas reçu cette lettre, fais le moi savoir par ta prochaine missive.

J'ai pensé à toi et à tous les tiens dans ces jours qui viennent de s'écouler et qui sont des jours de recueillement, au moins pour nous les Prêtres. Oui, j'ai prié à toutes tes intentions, à celles auxquelles tu es le plus attachées, à celles qui me sont particulièrement chères. Je puis donc te dire avec sincérité, et avec efficacité : Bonne et Heureuse Année. Oui, bonne année,

Mon cher Paul, bonne santé d'abord, puis grand succès pour tes livres et tes études. Je souhaite enfin que vous viviez unis et heureux, votre Maman, Gbenou et toi.

Un grand bonheur pour nous deux ce serait de nous revoir bientôt. Ce bonheur ne nous sera pas accordé cette année, malgré le bruit qui court de mon prochain retour au Dahomey. Pourtant Monseigneur Parisot a fait ce qu'il a pu pour m'emmener. Mais ma situation est bien compliquée ; comme je te l'expliquerai et moi-même j'ai été d'avis d'attendre encore un peu de temps, avant mon départ définitif pour les Missions, afin d'éviter à jamais les ennuis que j'ai eus ces dernières années, et qui recommenceraient si je ne revenais pas au Dahomey dans certaines conditions. Monseigneur Parisot, qui sera à Baudonne dans une dizaine de jours, t'expliquera tout cela.

Mon bon souvenir et mes meilleurs vœux à tes Parents et à nos Amis.

Je te suis très affectueusement dévoué en N.S.

F. Aupiais.

P.S. Tu m'as inquiété en me parlant d'Amiens. Ne crains pas de donner des ordres pour Laure.

Lettre 80

Baudonne, le 3 Avril 1936

Mon cher Paul

Je t'ai écrit par avion non pas que j'eusse des choses urgentes à te dire, mais j'avais manqué le courrier de Bordeaux du 1er Avril, et je ne voudrais pas te laisser trop longtemps sans nouvelles. J'ai manqué le courrier parce que j'ai ignoré la date du départ du « Lipari ».

Cette lettre a un seul but : te tenir au courant d'un projet de « rapport » que l'on m'a demandé pour le Congrès de Louvain. Je ne veux pas faire ce travail parce que mes Supérieurs de Lyon n'aiment pas le Centre Missiologique de Louvain et que je ne désire pas m'attirer des désagréments. D'autre part, je suis trop éloigné du Dahomey pour parler des « sorciers » en connaissance de cause.

Car il s'agit des « Sorciers ». Tu n'ignores pas qu'on appelle de ce nom, dans les récits des voyageurs et des missionnaires tous les hommes préposés au culte : aussi bien les devins que les sacrificateurs, etc. etc. Il faudrait enfin faire savoir aux Blancs ce que les Noirs entendent par sorcier et sorcellerie. Il me semble que ce sont des hommes, ou des femmes, mais que l'on dit capables de bilocation, de métamorphoses, d'agilité, de subtilité, de sorte qu'ils peuvent franchir des grandes distances, avec une action (ordinairement nuisible) très importante. Je me souviens que le village d'Agbomey-Taplipo avait une assez fâcheuse réputation à ce sujet. J'ai entendu dire de deux chrétiennes au moins qu'elles étaient « sorcières ». Que voulait-on entendre par là ?

En partant des données fournies sur ces deux femmes ou d'autres semblables, voudrais-tu expliquer ce que sont les <u>sorciers</u> pour les Indigènes au Dahomey ?

Les feuilles ci-jointes te diront que l'on commence à comprendre <u>ce qu'ils ne sont pas.</u> Mais il faudrait y ajouter une documentation positive. Je te demande de préparer une étude d'une (dizaine ?) de pages dactylographiées environ. Tu signeras ce travail qui sera lu à Louvain (suite illisible). Si tu n'as pas le temps de te documenter, ou de rédiger ce rapport, veux-tu le confier à un jeune homme de tes collègues qui désirerait se lancer dans l'ethnographie et que ce premier succès encouragerait. Puis-je avoir ce travail pour le début juillet au plus tard ?

Crois bien, Mon cher Paul, à mes sentiments les plus dévoués en N.S.

F. Aupiais.

(En annexe, suivent deux pages dactylographiées portant l'en-tête de la XIV SEMAINE DE MISSIOLOGIE DE LOUVAIN – Août 1936 – La première page donne une réflexion rapide sur ce qu'est ou n'est pas la sorcellerie, la seconde donne le programme provisoire de cette semaine.)

2° Partie : COMMENTAIRES

INTRODUCTION

Il est indispensable de décrire d'abord le contexte politique et religieux du premier quart du 20ème siècle ; ensuite, à la lecture de ces lettres, nous situerons ces deux personnes, Aupiais et Hazoumê, leurs personnalités, et nous décrirons l'engagement concret d'Aupiais pour le respect, la réhabilitation des cultures africaines, et même leur promotion dans la première moitié du 20ème siècle, à Porto-Novo (Dahomey) et en Europe. Ces commentaires n'engagent bien évidemment ici que nous-même.

L'Europe et les pays colonisés vers 1900

Pour justifier la conquête des pays d'Afrique et des autres continents, et la colonisation qui va suivre, on avance que ces populations sont des barbares que les États européens vont civiliser ou des païens que l'Église se doit d'évangéliser. Le discours officiel est donc ici négatif et péjoratif : il n'y a rien à voir.

Il ne faudrait pas croire cependant que la Mission ne se soit nullement préoccupée des cultures africaines et d'abord des langues locales. Quand les premiers prêtres sma, les Pères

Borghero[86] et Fernandez[87], respectivement italien et espagnol, débarquent à Pâques 1861 à Ouidah, ils sont attentifs à tout ce qu'ils voient, et transmettent leurs observations à leur supérieur, le père Planque[88] à Lyon ; dix jours après son arrivée, Borghero dans un long rapport note au sujet de la religion : « *Ils (les gens de Ouidah) croient bien à l'existence d'un seul Dieu bienfaisant et père des hommes, mais ce n'est pas à lui qu'ils rendent les honneurs de l'adoration. Le culte des serpents vivants est en vogue ...*[89] ». Six mois plus tard, il rend compte de la naissance d'un enfant *Toxosu*[90] : « *Le 24 Octobre venait de naître un enfant avec quelques monstruosité. En pareil cas les féticheurs ordonnent que le jour même le nouveau-né soit jeté ou à la mer ou à la lagune ... ».* Si ces notes sont succinctes, elles sont cependant exactes. À la demande de leur supérieur, ils expédient le 1er Juin, les *curiosités* suivantes pour le musée de Lyon « *2 paniers, 6 bourses, 2 sabres, tout du pays*[91] ». En mars 1862[92], le père Courdioux[93] fait

---

[86] Francesco Borghero, italien, né en 1830 à Ronco Scrivia (Gênes), ordonné en 1854 au « titre des missions », rencontre Mgr de Marion Brésillac en 1858, au Dahomey de 1861 à 1865, rentre alors en Europe et meurt à Gênes en 1892.

[87] François Fernandez, espagnol, né en 1835 à Goyau (Galice), ordonné prêtre en 1860, membre des Missions Africaines en Décembre 1860, au Dahomey (Ouidah où il meurt) de 1861 à 1863.

[88] Augustin Planque, né à Chémy (Nord) en 1826, prêtre en 1850, membre des Missions Africaines en déc. 1858, successeur de Mgr de Marion-Brésillac, et co-fondateur des Missions Africaines, décède à Lyon en 1907.

[89] Lettres du Dahomey. p. 51.

[90] Lettres du Dahomey. p. 178-179. *To-xosu* : roi/*xosu* de l'eau/*to*. Est ainsi désigné tout enfant né difforme ; cf. P. Saulnier, op. cit. p. 189.

[91] Lettres du Dahomey, p. 69, cf. p. 56.

[92] Id. p. 304.

[93] Philibert Courdioux, né à Châlons-sur-Saône en 1838, ordonné prêtre aux Missions Africaines de Lyon le 25 août 1861, arrive au Dahomey le 11 décembre 1861 ; décide de la fondation de Lagos en

part à ses confrères de Lyon d'un échantillon de salutations en *fongbe*, la langue parlée à Ouidah. Plus tard, dans les années 1883-1885, le père Baudin[94] édite deux Dictionnaires, yoruba-français et français-yoruba, ainsi qu'une grammaire yoruba et un travail sur la religion, avec le soutien actif du père Planque. Le 22 Oct. 1884, celui-ci écrit au père Chausse[95] : « *Je crois que le travail du père Baudin sera très utile pour les missionnaires ... En obligeant le père Baudin à faire ces travaux, je crois avoir travaillé dans l'intérêt bien entendu des missions...* ». En 1890, le père Dorgère[96] impressionne le roi Gbêhanzin par sa connaissance de la langue fon, au point que d'otage il devient son interprète, puis son ami. On peut encore citer deux contemporains du père Aupiais, le père Pelofy pour celle du mina, qui lui permet de revoir un catéchisme du 17° siècle, édité à l'Institut d'Ethnologie (38) [97], ou encore le père Joulord[98] pour la langue

---

[94] 1867, où il envoie le père Bouche en 1868 ; il rentre en France en 1872 et décède à Lyon le 27 avril 1898.

[94] Noël Baudin, nait à Guize (Nièvre) en 1844 ; ordonné prêtre aux Missions Africaines en 1868, il part pour le Dahomey en Décembre 1968. Il décède à Lyon 1887.

[95] Jean-Baptiste Chausse, né en 1846 à Marlhes (Loire), prêtre des Missions Africaines en 1871. De 1873 à 1893, réside en particulier à Porto-Novo et Lagos... Vicaire Apostolique du Bénin en 1891. Décède à Lyon en 1894.

[96] Alexandre Dorgère, né à Nantes en 1855, prêtre des Missions Africaines en 1880 ; réside au vicariat de la Côte du Bénin de 1881 à 1896. Décède à Ste Anne d'Evenos (Var) en 1900. Voir : Annie Voisin. *Un missionnaire nantais et la colonisation du Dahomey. Alexandre Dorgère (1855-1900)*. Ed. Afridic, Paris, 2005.

[97] Dans cette partie, le numéro entre parenthèses renvoie au numéro de la lettre correspondante.

[98] Joseph Joulord, né à Nueil-sous-Bassavant (Maine-et Loire) en 1871. Ordonné prêtre aux Missions Africaines en 1898, il part cette même année pour le Dahomey (Ouidah et Zagnanado). Il fait paraitre un « *Manuel Franco-Dahoméen* » à Lyon en 1907, et un « *Manuel de*

fon. Ceci dit, la période entre les deux guerres mondiales n'est pas une époque faste pour ces études au Dahomey, et il faudra attendre l'après-guerre pour une nouvelle approche de la part des missionnaires.

De son côté, il est vrai que l'administration coloniale française se soucie peu des cultures africaines ; les initiatives viennent surtout d'individus, en plus de leur travail ; mais leurs fréquents changements de poste empêchent un travail prolongé et donc approfondi. Pour le Dahomey, citons cependant Maurice Delafosse, René Trautmann, Bernard Maupoil ; Aupiais a connu et même collaboré avec certains de ces personnes, .

L'implantation de l'Église et de la France au Dahomey

Quand les pères Borghero et Fernandez débarquent à Ouidah en 1861, ils y trouvent des chrétiens, soit afro-brésiliens, anciens esclaves fugitifs ou rapatriés du Brésil, soit métis de commerçants ou de fonctionnaires européens, ayant fait souche sur place. Entre les fleuves Volta et Niger, Borghero évalue leur nombre à 3.000[99], dont 150 à Porto-Novo, où les missionnaires s'installent dès 1864. En trouvant ces chrétiens à leur arrivée, ils se devaient de tenir compte de leur présence, de leurs besoins religieux, et de la demande de scolarisation pour leurs enfants. Quarante ans après, à l'arrivée du père Aupiais en 1905, la chrétienté catholique dahoméenne ne compte guère encore que 8.500 âmes réparties dans les centres importants de la Côte, surtout Agoué, Ouidah, Cotonou, Porto-Novo, en allant d'ouest en est.

Depuis la conquête du royaume d'Abomey en 1891 et l'établissement de la colonie en 1895, le gouvernement civil est

conversation française-dahoméenne » à Albi en 1914. Il décède à Chemillé (Maine-et-Loire) en 1951.
[99] Journal de Francesco Borghero. p. 251-252.

installé à Porto-Novo, siège du royaume du même nom, devenu protectorat français dès 1864. De son côté, le siège de la hiérarchie catholique se trouve à Ouidah à quelque 80 kms, sans route carrossable directe d'une ville à l'autre : le pont sur la lagune de Porto-Novo et le chemin de fer Cotonou-Porto-Novo ne sont construits qu'à la fin des années 1920. Le curé-supérieur de Porto-Novo se trouve donc de fait le plus proche interlocuteur du gouverneur.

C'est dans ce cadre politique, culturel et religieux qu'Aupiais va mener son combat pour le respect et la reconnaissance des cultures africaines, dont rendent compte les lettres envoyées entre 1925 et 1936 à Paul Hazoumê.

A. La reconnaissance des cultures africaines

Les lettres d'Aupiais à Paul Hazoumê retracent alors son combat pour le respect, la reconnaissance et même la promotion des cultures africaines pendant une douzaine d'années en Afrique et en France. Ce combat est le fil conducteur qui traverse tout ce courrier.

1. Aupiais et l'école

Ces lettres ne font guère allusion aux écoles, mais en 1925, la scolarisation reste toujours un des soucis de la Mission Catholique, et les pères font fort souvent la classe eux-mêmes. L'originalité de l'engagement d'Aupiais est de vouloir que son école à Porto-Novo, dont il est le directeur, soit la plus performante possible, et pour cela il forme ses maîtres aux meilleures méthodes éducatives de l'époque. Il veut montrer que les Africains ne sont pas des 'sauvages', mais peuvent s'exprimer parfaitement en français et accéder à la culture européenne[100]. À partir de là, il innove en demandant à ses anciens élèves, dont Paul Hazoumê, de montrer qu'ils ont une civilisation qui a ses valeurs, en écrivant sur leurs

---

[100] Cf. *Le missionnaire*, p.159-160.

coutumes, leur pays, leur culture ; et comme ils le font en français, il sollicite le jugement d'européens qualifiés. Une école de qualité est pour lui la première étape de ce combat.

L'école primaire peut être suivie de deux ou trois années de cours complémentaires, mais il veut aller plus loin. Ainsi le n° 15 de la *R.A.* du 15 Avril 1926 publie un appel de Mgr Steinmetz pour l'ouverture d'un établissement d'enseignement secondaire au Dahomey ; c'est la préhistoire de l'enseignement secondaire catholique au Dahomey ; en voici des extraits :

« Une école catholique d'aide-médecins indigènes ayant été créée à Dakar, tous les élèves dahoméens furent des catholiques. Enfin une école de sages-femmes à peine ouverte à Dakar, les élèves des Sœurs fournissent exclusivement tout le premier contingent ; toutes les sages-femmes exerçant à l'heure actuelle dans les maternités du Dahomey sont catholiques et pratiquantes. Je crois pouvoir affirmer sans exagération que 90% des employés de l'administration sont catholiques. Ces jeunes gens instruits, sérieux, forment une élite dont l'influence est grande dans ce pays. Ils ne sont pas cependant sans comprendre et sans sentir que leur instruction n'est que sommaire et ils voudraient pour leurs enfants, un enseignement plus développé. Déjà quelques-uns ont envoyé leurs enfants en France, mais ces jeunes gens, après avoir passé quelques années à Bordeaux ou dans d'autres centres, trouvent la France si belle qu'ils refusent de revenir au Dahomey. D'où cause de mécontentement pour les parents et déception. D'ailleurs le coût de ces études est le plus souvent prohibitif. Aussi à plusieurs reprises, nos chrétiens m'ont-ils exprimé le désir d'avoir sur place un collège d'enseignement secondaire. »

Mgr Steinmetz n'en reste pas là ; en visite au Vatican, il sollicite une aide du Pape qui lui offre 100.000 frs de l'époque. De son côté, pendant son congé, le père Aupiais porte lui aussi ce souci ; le 25 Avril 1927, il écrit à Paul Hazoumê : « En ce moment, je m'occupe beaucoup de trouver du personnel et des ressources pour un collège à Porto-Novo. Mais je ne veux pas que tu parles de cela parce que rien n'est encore définitif. » Il faudra attendre une vingtaine d'années pour que s'ouvrent à Cotonou deux collèges, l'un pour les filles en 1945, l'autre pour les garçons en 1948, tandis que Porto-Novo n'aura de collège catholique que dans les années 1960.

Pendant son congé, Aupiais répond aussi ponctuellement aux besoins de formation de ses anciens élèves ou maîtres : dans ses lettres (35, 36, 40, 43), il est question de l'envoi de « Livres de stylistique », sans doute des manuels exposant des règles de style ; de celui de livres de puériculture, pour lesquels il demande à Paul s'il les a reçus (47). Également des revues : le Pèlerin et le Monde Colonial, et même pour Paul, le livre d'Écriture Sainte sur Saint Paul de Baumann (43).

2. Aupiais et La Reconnaissance Africaine (1925-1927)

L'étape majeure de ce combat à Porto-Novo va être la création en 1925 d'un bulletin. Le 29 Juillet, le père Aupiais, en tant que supérieur de la mission de Porto-Novo, en annonce la parution, sous le titre de « **La Reconnaissance Africaine** ». En voici le texte :

« Notre Vénéré Vicaire Apostolique Monseigneur STEINMETZ se propose depuis longtemps de fonder un « BULLETIN RELIGIEUX » qui aurait pour but d'instruire les fidèles, de les porter à la piété et de donner aux catholiques – appelés par leurs fonctions à vivre loin de la Côte – des nouvelles de leur ville d'origine.

Un essai de Périodique a bien été tenté, il y a une dizaine d'années. La Guerre a interrompu la Publication du « Petit Dahoméen » que vous n'avez pas oublié. D'ailleurs ce bulletin, imprimé en France, traitant avec beaucoup de retard, des sujets qui n'étaient pas adaptés à vos besoins et à vos préoccupations d'ordre spirituel ne correspondait pas à l'organe de Presse désiré par Monseigneur. ….

Personne n'ignore que les Catholiques de Porto-Novo projettent de construire une Église qui sera en même temps que le Temple du Seigneur un Monument aux Morts de la Guerre Franco-

Dahoméenne. La nécessité de faire appel à de nombreuses générosités – pour élever cet édifice, l'obligation de tenir les souscripteurs au courant de l'état des travaux m'ont fait penser que le moment était venu de rétablir – sur de nouvelles bases - un Bulletin Religieux au Dahomey. Ce bulletin va bientôt paraître, il s'appellera :

La RECONNAISSANCE AFRICAINE.

Une lettre de Monsieur le Gouverneur portant le numéro 2447 et datée du 24 Juillet 1925 en autorise la publication. Il donnera – outre un communiqué rendant compte des travaux de l'Église et des souscriptions – des articles d'Écriture Sainte, d'Apologétique, d'Histoire de l'Église, des notices historiques, des aperçus de Sciences, de Langue Française, des conseils d'hygiène, d'agriculture, etc.

Ce qui caractérise ce Bulletin de la Reconnaissance Africaine c'est que ses rédacteurs seront recrutés parmi ses lecteurs eux-mêmes. Déjà je me suis adressé aux Élèves de nos Petit et Grand Séminaires, de notre École Normale de Jeanne d'Arc qui m'ont promis leur concours pour rédiger les articles qui seront plus directement en rapport avec leurs études. Mais j'espère trouver d'autres collaborateurs.

J'ai gardé le meilleur souvenir en effet de brillants élèves qui – je le sais – ont continué leurs Études après l'École. Ils ont beaucoup lu, beaucoup retenu et peu écrit. Il s'est amassé ainsi de véritables trésors de documentation sur les populations du Dahomey, leurs migrations, leurs guerres leurs coutumes, leurs légendes, etc. Je sais aussi que les Jeunes Gens qui ont été formés dans les Établissements d'Enseignement Secondaire de Gorée[101] ont déjà essayé leur plume en rédigeant pour le Bulletin de l'Enseignement, des articles qui ont été très remarqués. Cette élite intellectuelle est tout indiquée pour constituer la Rédaction de la « Reconnaissance africaine ».

Je suis persuadé à l'avance que je puis compter sur la bonne volonté de ces Jeunes Gens, c'est donc avec la plus grande confiance que je leur demande de bien vouloir se joindre à moi pour faire du nouveau

---

[101] Gorée, ville du Sénégal. À l'époque coloniale de l'AOF, les meilleurs élèves continuent leurs études au Sénégal.

Bulletin un organe d'instruction religieuse et d'études historiques que « tous les catholiques voudront lire » et qui sera pour tous la meilleure et la plus agréable des lectures.

Croyez bien, Cher Monsieur et Ami, à mes sentiments dévoués en Notre Seigneur.

P.S. On peut s'abonner immédiatement pour 3 mois en faisant parvenir à la Mission de Porto-Novo la somme de cinq francs.

Le Bulletin sera bimensuel et paraîtra le 1ᵉʳ et 15 de chaque mois à partir du 15 Août.

Les articles ou les projets d'articles pourront être envoyés à Porto-Novo dès le commencement du mois d'Août. »

Les lettres 1 à 41 sont ainsi la grande et petite histoire de ce Bulletin depuis sa naissance jusqu'à sa disparition. Grande, car on y découvre la passion d'Aupiais pour cette publication, nouveauté par l'ampleur qu'il veut lui donner ; petite par l'énumération des détails de sa gestion quotidienne. Avec cette question angoissante : ce bulletin va-t-il plaire ? Va-t-il s'imposer ?

La circulaire lie la parution de la Reconnaissance Africaine à la construction d'une nouvelle église à Porto-Novo : l'ancienne qui date de 1877 ne suffit plus. Un « *Comité de l'œuvre de la Reconnaissance Africaine* » se met alors en place, composé de notables porto-noviens, portant pour les ¾ un nom portugais, ou français et anglais[102]. Ainsi ce comité et le bulletin portent la même dénomination. Un de ses premiers buts du bulletin est précisément de donner des nouvelles de la construction de l'Église ; en fait, après l'appel du Comité dans le n° 1 du 15 août 1925 et un long compte-rendu de 10 pages sur la bénédiction et la pose de la première pierre dans le n° 6 du 15 novembre, le n° 8 en présente les premiers travaux, le n° 12 rend compte de la souscription lancée pour recueillir des fonds ; ensuite, il n'en

---

[102] Père Francis Aupiais. Textes et Témoignages, p. 44.

est plus question. La lettre 19 d'Aupiais annonce l'envoi « *un tableau d'honneur de la souscription* », mais on ne le trouve nulle part.

Ce titre de *'reconnaissance africaine'*[103] s'applique ainsi à la fois à la nouvelle église de Porto-Novo, « *part africaine de la reconnaissance* » pour les morts de la conquête coloniale, dont la première pierre est bénie le 1er novembre 1925 ; et en même temps au bulletin dont un des buts est la « *reconnaissance* » de l'existence et de la valeur des cultures africaines, de leur respect et de leur promotion.

Le père Aupiais dirige ce bulletin depuis Porto-Novo. Le premier numéro est imprimé à Lomé où la Mission possède une imprimerie, et les numéros suivants à Cotonou par l'Imprimerie Wenceslas de Souza. Si maintenant une route goudronnée joint ces deux villes distantes de 30 kms, s'il y eut un chemin de fer dont Aupiais parle de la construction en 1926 dans la *R.A.*, à cette époque les communications se font par la lagune et demandent quelques heures. La lettre 11 suggère deux liaisons journalières régulières : « *Chaque matin à l'arrivée de la pirogue de la Poste, chaque soir à l'arrivée du Chaland (G.B. Ollivant*[104]*), j'attends …* ». La Mission ne possédait pas non plus de téléphone et Aupiais demande à Paul Hazoumê de le joindre par la CACA ou à la CRAO (5), sans doute des maisons de commerce, où il avait ses entrées. Quand il répond à Paul Hazoumê « *je crois que tu as raison pour le téléphone …* » (3), on peut penser qu'il fait allusion à sa suggestion de demander un branchement. Il lui reste le télégraphe (2), mais il devait être coûteux. Pour faire la liaison avec l'imprimeur à Cotonou, Aupiais a donc besoin d'une personne de confiance, et son choix se porte sur Paul Hazoumê. Cette liaison épistolaire entre Francis Aupiais et Paul Hazoumê commence avec les débuts

---

[103] Père Francis Aupiais. Textes et témoignages, pp 44-48.
[104] Cf. lettre 2.

du bulletin : la première lettre est datée du 27 Juillet 1925, et le n° 1 du bulletin du 15 Août de la même année.

Les lettres sont d'abord des 'lettres d'affaires' ; il faut en effet régler de multiples problèmes : la lettre 1 parle d'un article de F. d'Oliveira, la lettre 2 avertit Hazoumê que les articles sont arrivés à la Mission (de Cotonou), et qu' « (Aupiais) *commence à songer au 2ème numéro* ». Il donne aussi son avis sur la qualité du travail de l'imprimeur ; à l'occasion il n'hésite pas à s'en plaindre : « *voudrais-tu faire comprendre à l'imprimeur qu'il ne peut pas commencer le tirage sans avoir un 'bon à tirer'… »*, ou encore : « *Wenceslas abuse de la situation* » (11) ; il est mécontent que l'on ait augmenté le prix du bulletin (8). La lettre 9 dit sa satisfaction de sa présentation, parle de l'envoi d'une liste de nouveaux abonnés, de l'intérêt du 3ème numéro ; ce sont quelques exemples du souci des multiples détails dont il doit tenir compte et auquel il associe Paul Hazoumê.

Le Bulletin paraît régulièrement deux fois par mois jusqu'en mars 1927, dans un format 20-25, 5 de 8 à 12 pages, avec une couverture. En février 1927, paraît un numéro double (34-35) d'une vingtaine de pages. Intervient alors, en mars semble-t-il, le décès inattendu de l'imprimeur, Wenceslas de Souza (41). Se pose alors le problème de l'impression. À Porto-Novo, fonctionnent deux imprimeries : celle du gouvernement ; celui-ci, sollicité fait répondre que cela est « *impossible* » (41), sans que l'on en connaisse les raisons ; et celle de da Silva, à condition d'embaucher un typographe ; la lettre 31 émet l'hypothèse de faire paraître alternativement le bulletin à Cotonou et à Porto-Novo, mais cela ne se fera pas. La Mission possède deux imprimeries : l'une à Lomé qui attend pour le mois de mai l'arrivée d'un père en formation à Lyon pour faire marcher une linotype ; une autre à Ouidah, mais dont le matériel ne pouvait sans doute pas répondre à cette demande (47). Aucun numéro ne paraît alors en avril, et de mai à décembre, le bulletin devient mensuel. La livraison de décembre 1927 sera la dernière sans explication connue à l'adresse des abonnés. Dans la lettre 47 du 12 Janvier 1928, Aupiais espère encore que le départ du gouverneur Mr Fourn lui permettra de recourir à l'imprimerie gouvernementale à Porto-Novo. Son absence depuis plus de 14 mois déjà ne facilite pas, non plus une prise de décision rapide et concrète. Mais surtout, le père Chabert, supérieur général, le nomme fin 1927 provincial de la province de Lyon ; cette nomination est annoncée dans le n° 45 du 1er décembre 1927 ; de ce fait, Aupiais n'occupe plus de fonction officielle au Dahomey ; au contraire de nouvelles responsabilités lui incombent en France. La lettre 47 laisse cependant apparaître d'autres raisons :

« Je viens décrire à Mgr Cessou, au Père Parisot, au Père Perrin, à Monseigneur Steinmetz au sujet de la R.A. (Reconnaissance Africaine). Voici mes propositions : je propose à Lomé de continuer à imprimer le bulletin pour 500 Frs qui seront acquittés par Porto-Novo ; je me chargerai du reste. Je demande au Père Parisot de s'occuper du Bulletin en collaboration avec le Père Perrin. J'ai écrit à Monseigneur et au Père Parisot que si le titre Reconnaissance Africaine rappelait trop Porto-Novo, l'on pourrait changer en celui de Renaissance Africaine, ou Connaissance Africaine ...

Il est clair que la « *Reconnaissance Africaine* » est l'œuvre personnelle d'Aupiais, dans laquelle il s'est fortement investi : c'est lui qui décide de sa création, qui lui donne son nom, qui rend compte de l'autorisation du gouverneur, obligatoire à l'époque, qui décide des sujets à traiter, des auteurs des articles, et des membres de la rédaction choisis parmi les anciens élèves des Écoles du Gouvernement de l'AOF à Dakar, qui la gère avec Paul Hazoumê. Il ne signe ordinairement que l'éditorial, et il ne présente, et sans signer, que la construction du chemin de fer Cotonou-Porto-Novo (28). Et alors qu'il n'a plus aucune responsabilité dans l'Église du Dahomey, il propose toujours des solutions, et même de prendre à sa charge une partie des frais.

Plus que 'son œuvre personnelle', c'est en fait un peu son 'enfant' qu'il ne peut abandonner, avec qui il a noué une forte relation affective. Dès le début, au mois d'août 1925, il écrit : « *Je crois que tout le monde viendra à nous, si nous réussissons* » (3), puis dans la lettre suivante *: « Nous reparlerons dimanche de notre chère Reconnaissance et de son heureux destin !!! » ;* au mois de mars, alors que surgissent quelques difficultés, il rassure Paul : « *... j'ai confiance en l'Étoile du Bulletin ... »* (17). En congé en France, il la fait connaître, et dès le mois de décembre, il écrit : « *Notre petite Reconnaissance si peu connue et appréciée au Dahomey me vaut ici des louanges sans fin* » (37). Deux mois plus tard, il amplifie : « *Désormais, la Reconnaissance Africaine est connue et bien connue, je puis dire de l'Europe entière, parce que j'ai parlé d'elle au poste de radiophonie de la Tour Eiffel ... »* (39). Au décès de l'imprimeur Wenceslas de Souza, il écrit à Paul : « *Il faut que le Bulletin vive... Je lirais la R. presqu'à genoux quand je la reçois tellement je suis heureux de voir comment vous continuez le sillon ... Vous avez entrepris une œuvre d'une portée incontestable. Nos ennuis auront une fin* » (41). Mais ce « *vous* » de « *vous avez entrepris ... »* ne veut-il pas dire que ce bulletin est devenu au moins en partie l'œuvre de Paul Hazoumê et du comité, et alors échappe aux responsables de la Mission ? Il a conscience que le titre même '*La Reconnaissance Africaine*' pose problème, puisqu'il en propose deux autres. En ne recherchant ni proposant de solution concrète à la suite des siennes, les responsables veulent peut-être lui faire comprendre que Porto-Novo n'est pas tout le Dahomey, et que tous ne partagent pas l'ensemble de ses opinions et engagements. En janvier 1928, ce bulletin sombre donc définitivement. Certes dans la lettre 47, il affirme : « *Tu peux être certain que je ne laisserai pas tomber la R.A.* », dans celle 48 de février, il « *pense que les choses vont s'arranger* », dans la suivante 49 de mars, il adjure Paul : « *Sois sûr que la Reconnaissance Africaine vivra, poursuis donc tes remarquables études ... » ;* certes encore, le Pape lui-même l'a lue : « *Quelle joie, quel triomphe, Mon cher Paul, de voir notre chère* *revue ouverte sur le bureau de sa Sainteté ! Le pape feuilletait et je voyais passer sous ses doigts et sous ses yeux les titres de vos articles … »* (50). En fait, son sort est alors scellé et Aupiais n'en parle plus à Hazoumê dans ses lettres.

Le 18 Avril 1929, le père Paul Perrin, le successeur du père Aupiais à Porto-Novo lui adresse une lettre qui nous permet d'attirer l'attention sur quelques aspects qui font comprendre cette issue.

« Je ne vous parle pas de la « Reconnaissance Africaine ». Nous avons été obligés de cesser l'impression pour la bonne raison que les fonds manquaient - Lomé était réellement trop cher — et par ailleurs peu de collaborateurs à part Paul. Le P. Parisot en a été chargé l'an dernier : je pensais que le 1ᵉʳ septembre verrait la revue jusqu'à aujourd'hui, rien. Paul a plus ou moins refusé sa collaboration : et alors que reste-t-il comme collaborateurs ? pas grand chose. L'abbé Thomas (note : Mouléro) se tient coi dans son trou de Dassa-Zoumê. L'abbé Gabriel (note : Kiti) bûche ses examens : et voilà la revue quasiment enterrée par la force des choses. C'est dommage. Je le regrette fort et vous sûrement davantage. Alexandre d'Almeida est en train de la remplacer au profit de l'Église de Cotonou. Combien de temps cela durera-t-il ? Jusqu'à épuisement des disponibilités. »

Il n'y a plus de collaborateurs, dit-il. Pourquoi ? Il est sûr, comme nous l'avons dit, que la revue était l'*enfant* du père Aupiais qui y a associé Paul Hazoumê et d'autres Dahoméens ; mais à notre avis, ces personnes s'associaient à une personne et non à une revue, même si elle était en grande partie la leur. Cette personne n'étant plus là, elles s'estiment déliées non envers le Père Aupiais, mais envers la revue. De l'abbé Thomas Mouléro, il est dit : *« il se tient coi »*, mais cet abbé que nous avons connu n'était nullement porté à imposer sa présence ou ses idées, sauf quand il était personnellement sollicité sur des sujets qu'il connaissait : alors il parlait. De plus, ces gens étaient au courant des tensions au sein du clergé missionnaire sur les idées du Père Aupiais. Un courant de pensée de l'époque veut qu'il n'y ait rien à découvrir en Afrique, et que l'avenir se trouve dans l'école et la civilisation occidentales avec le Christianisme ; ce courant existe même à l'intérieur de l'Église, et les collaborateurs du Père le savent. Pour eux, n'y a-t-il pas alors contradiction quand on leur demande d'écrire sur leur histoire, leurs coutumes ? On ne peut donc pas s'étonner que « *Paul refuse plus ou moins sa collaboration* ».

Il faut attendre l'année 1946 pour que cette fois naisse le journal **LA CROIX AU DAHOMEY,** devenu ensuite **LA CROIX AU BENIN** ; le Grand Séminaire Saint Gall de Ouidah de son côté à partir de 1954 fait paraître une revue, **LA VOIX DE SAINT GALL**, avec des nouvelles du séminaire et des études ethnographiques signées par les séminaristes.

Cependant Aupiais a largement atteint ses objectifs : le premier, faire écrire des africains eux-mêmes ; le second, leur faire exposer les coutumes, les traditions, l'histoire de leur pays ; il n'a pas eu de mal à trouver des auteurs : pendant son absence de toute l'année 1927, les articles n'ont pas manqué, et dans le dernier numéro de décembre 1927 on trouve la mention « *à suivre* ». Parmi ces auteurs, nous trouvons Paul Hazoumê, lui-même, le plus prolixe, avec une trentaine de livraisons sur *Les origines de Ouidah, Le journal de voyage de Cotonou à Dassa-Zoumê, La justice au royaume de Porto-Novo, Le pacte du sang, Cérémonie expiatoire pour une personne consignée chez un fétiche, Le calendrier dahoméen* ; l'abbé Thomas Mouléro, avec un *Essai historique sur la ville de Kétou* ; l'abbé Kiti, avec *Le fétichisme au Dahomey* et *Rites funéraires chez les Alladanous*[105]. En plus de ces travaux relativement longs, il faut citer des présentations de textes de littérature orale, en particulier des proverbes : *Proverbes nago ou yoruba* de l'abbé Thomas Mouléro, *Proverbes fons* de l'abbé Kiti, mais aussi de nombreux contes : *Les deux*

---

[105] On entend par 'Alladanou', non seulement les habitants (*nu*) d'Allada, mais les royautés issus de celle d'Allada, à savoir Abomey et Porto-Novo.

aveugles et *Pourquoi la tortue porte une carapace* de Joseph Dadaho, *La peine de* Paulin Norman, *Un prêté pour un rendu* et *Les deux princes* d'Athanase Sadler, *Les deux amis* de Romanus Célestin, *Les deux jumeaux du bûcheron* de B. St Anna, *Le voleur et le menteur* de F. d'Oliviera, *L'oiseau savant et l'oiseau ignorant* (conte mina) et *L'histoire d'un mendiant* de R. Acapovi, *L'orphelin* de Juvencio Dagba.

Ce bulletin se veut en même temps un outil de formation religieuse avec des articles sur la Bible et le catéchisme, sur la vocation religieuse, la prêtrise, la recension des évènements catholiques internationaux importants. On y trouve des évènements ponctuels : notices nécrologiques, relation d'une prise de soutane, d'une prise de voile au noviciat des religieuses, d'une tonsure et de vœux perpétuels, du cinquantenaire des Sœurs de Notre-Dame des Apôtres, de la présentation de la station d'Ajagbo et de la bénédiction de la chapelle et du chemin de croix de Ouagbo. Il sert même de bulletin diocésain à l'évêque, avec entre autres, l'*Appel de Mgr Steinmetz pour l'enseignement secondaire au Dahomey* (n° 15).

Aupiais demande des contributions sur les problèmes agricoles, là encore pour la plupart à des Africains : *L'huile de palme et les moteurs* de Félix Kuassivi, *Le coton* de A. Zannou, *La peste bovine au Dahomey* de C. Campos, *Mesures de défense du cocotier et du palmier à huile, Le coton au Dahomey* et *Le ricin* de Réteaud. Ce sont aussi des pages de puériculture, signées de E. Béhanzin et C. Hazoumê, de Marie Fadeiro, et sur l'alimentation des nouveau-nés de la même.

Il sert même de bulletin d'informations locales : dates des marchés, passage des navires au port de Cotonou avec la liste des passagers au départ et à l'arrivée, baptêmes, mariages, décès à Porto-Novo et à Cotonou …

La *Reconnaissance Africaine* se veut ainsi tout à la fois un bulletin d'informations civiles, de formation et d'informations religieuses, de recherches ethnographiques, l'aspect sans doute le plus important pour Aupiais. Chaque numéro comporte un ou plusieurs articles sur le Dahomey écrits par des Dahoméens. Il veut montrer qu'ils sont capables de s'exprimer avec bonheur en français, sur des sujets ou des problèmes de leur pays. Là encore, le nombre de ceux signés par un Dahoméen dont le nom est portugais est important. Quand le bulletin cessera de paraître, ils continueront d'écrire, soit dans *La Voix de St Gall*, soit à l'Institut d'Ethnologie de Paris, soit à l'Ifan[106] de Dakar ou de Porto-Novo. Aupiais a lancé ce mouvement, il va perdurer.

3. Aupiais et son lobbying en Europe (1926-1931)

De 1926 à 1931, les lettres sont moins nombreuses : on n'en compte que vingt et une pour plus de cinq années ; toutes ont-elles été conservées ? Mais elles sont plus personnalisées, plus longues, plus détaillées sur les activités que le père Aupiais fait partager à Paul. En octobre 1926, Aupiais en rentrant en congé en France, veut amplifier son action sous plusieurs formes : diffusion de *la Reconnaissance Africaine*, expositions, conférences, causeries... Pour cela, il rapporte du matériel pour une exposition d'art dahoméen, et des éléments concrets pour des conférences. Comme premier moyen de propagande, il distribue des numéros de la *Reconnaissance Africaine* : « *Nous devons envoyer une collection de notre Bulletin à Anthropos* » (36). Mais déjà à partir de Porto-Novo, il l'a fait connaître en France ; la lettre 28 du 11 juin 1926 en particulier fait état d'un texte paru dans le journal la Victoire : « *La Victoire ... a publié un article de Mr André Lichtenberger sur la Reconnaissance Africaine. Cet article renouvelle ce qui a été dit et si bien dit par Monsieur Delafosse.* »

---

[106] Ifan : Institut Français d'Afrique Noire, dont le siège est à Dakar; avec des antennes dans chaque colonie. À Porto-Novo, il publie les Études Dahoméennes.

Il compte beaucoup sur ses amis, tel Maurice Delafosse qu'il a connu à Dakar pendant la guerre de 1914 et avec qui il est toujours en relation ; en août 1925, Aupiais écrit à Paul : « *c'est le moment de travailler ... ferme pour être à la hauteur de la réputation que Monsieur Delafosse va nous faire* » (4). En mai 1926, celui-ci fait paraître un article dans la *Dépêche Coloniale* où il *couvre de fleurs* Aupiais et Hazoumê (22). À la même époque, il a envoyé un article pour *la Reconnaissance Africaine, 'Le mouvement intellectuel indigène en AOF'* (n° 18 du 1er juin 1926). Aupiais pense le rencontrer à son retour, mais il ne peut le voir : « *Monsieur Delafosse est mort quelques jours après mon arrivée à Paris* » (34). Cela ne le décourage pas pour autant : « *J'ai entrepris immédiatement de me faire connaître par d'autres personnes* » (35). Il retrouve également Georges Hardy, un autre ami de Dakar, qui lui aussi le soutient, et qui, comme directeur de l'École Coloniale à Paris, lui ouvre bien des portes (37, 38, 39). Aupiais demande que des *'jeunes gens'* lui écrivent « *une lettre collective pour le remercier de ce qu'il a dit de l'Art Dahoméen, de la Jeunesse Dahoméenne et même du Père Aupiais* » *(41)*.

Il s'adresse aux meilleures institutions intellectuelles ou techniques de son temps : l'Université de Louvain ; à Paris, l'Institut Catholique, la radiodiffusion ... Il va frapper rapidement aux meilleures portes des milieux ethnographiques : dès le 19 novembre 1927, il écrit à Paul qu'il prend contact avec le secrétaire général de l'Institut d'Ethnologie, à qui « (je) *veux parler de tes travaux sur Abomey et sur le Pacte* » (35). Le lendemain, il rend compte de ce rendez-vous : « *Je suis allé ce matin à l'Institut d'Ethnologie ... où j'ai été conduit par Mr Labouret et reçu par le Dr Rivet, Secrétaire Général de l'Institut. J'ai été très bien reçu. On me fera faire une communication aux membres de l'Institut (des sommités). On me favorisera pour l'exposition que je prépare et on imprimera tout ce que j'ai à faire paraître ...* » (36). Après Labouret et Rivet, c'est Lévy-Bruhl : « *J'ai eu un long entretien de 2 heures avec Mr Lévy-Bruhl qui est académicien et homme éminent* » (37) ; il lui parle de

Paul Hazoumê avec l'intention de le faire nommer conservateur du musée d'Abomey et il veut lui montrer son livre « *Le Pacte du sang* » (37, 38). Ou encore Marcel Mauss : « *Je dois entrer cette semaine en relation avec Mr Mauss qui est un grand professeur d'Ethnographie* » *(38)*. Ainsi en deux mois, il établit des contacts durables avec les plus éminents spécialistes français de l'ethnologie de l'époque, Labouret, Rivet, Lévy-Bruhl et Mauss. Puis, ce sera le père Schmidt, fondateur de la revue ethnographique germano-suisse *Anthropos* (50). Il en est récompensé quand l'Institut d'Ethnologie lui assure sur le champ son soutien pour son exposition et l'impression d'ouvrages : que pouvait-il espérer de mieux en si peu de temps ? Il a fait très bonne impression, en arrivant avec des documents visuels pour ses expositions, et écrits avec *la Reconnaissance Africaine* : « *Monsieur Lévy-Bruhl et le Père Schmidt, le fondateur d'Anthropos pensent toujours beaucoup de bien de notre BULLETIN* » (50).

Les résultats ne se font pas attendre ; arrivé à Marseille le 29 octobre (34), dès le 19 novembre il annonce : « *Le 16 décembre, je ferai une conférence à la Société de Géographie de Lille* » (38). C'est la première d'une longue série de conférences, expositions, interviews … : des prédications à Nantes le 19 décembre (37), une communication aux membres de l'Institut (36), une exposition à Paris le 31 janvier 1927 avec un discours du Ministre des Colonies, « *discours empreint de sincérité et de sympathie …* » (38, 39, 40). Ensuite ce sont plusieurs conférences radiodiffusées à la Tour Eiffel (40). Dans la lettre 41 du 26 mars 1927, il détaille les interventions prévues : des Expositions à Nantes, à Marseille, à la Foire de Paris, à Lyon (44), à la Semaine Coloniale de Paris (44), une participation à un congrès féminin à Paris, une conférence à des Journalistes Catholiques, une participation à une semaine de missiologie, etc. ; le 10 juin, un Congrès international des Langues Indigènes à Londres (44).

Avant même son arrivée en France, il songe à la presse dont il en a besoin pour amplifier sa croisade ; à bord du Hoggar, il écrit à Paul : « *Je tâcherai de voir le Directeur de la Revue Africaine à Paris* » (34). *Le directeur de 'L'Afrique Française' (37, 38) ... va nous consacrer un article dans sa revue* ». Puis c'est le directeur du *Monde Colonial* qui « *va devenir notre ami* » (38), et dans lequel au mois de février 1927, « *Mr Hardy a écrit un très bel article à mon sujet* » (39). Au mois de juin, il est question de l'*Illustration* : « *L'article de l'Illustration va être discuté, au moins il va surprendre comme il a surpris et enchanté d'ailleurs les Directeurs de l'Illustration qui ont été très aimables pour moi et qui ont demandé ma collaboration* » (46). Plus tard encore, « *La Dépêche Africaine a consacré à ma conférence de l'École Coloniale[107] un article* » (49), et de Louvain « *Plus de 20 journaux ... ont parlé de cette Exposition* » *(49)*. Dans ses lettres à Paul, il rend compte encore des nombreux articles parus dans les journaux régionaux, il lui fait largement part de ses activités et de leurs impacts dans la presse, relais pour diffuser plus largement ses idées.

De juin 1927 à janvier 1928, nous n'avons plus de courrier d'Aupiais, et donc aucune indication précise sur son calendrier du dernier semestre 1927. Mais en janvier 1928, en plus des problèmes de la *R.A.*, alors moribonde, il donne des indications sur des projets proches ou lointains : « *Je suis en train de préparer ... en particulier un Congrès de Notabilités Coloniales et Missionnaires, Françaises, Belges, Hollandaises, Allemandes, Italiennes, pour le mois de juillet prochain.* » « *Je serai à Rome au mois de Mars pour le même objet ... Le 22 janvier, je vais donner une conférence à l'École Coloniale.* » Il fait des « *projets pour la formation des futurs missionnaires ... qui arriveront ... avec certaines connaissances ethnographiques ...* » *(47)*. Il prévoit une conférence à l'Institut Catholique que va publier la *Revue Apologétique* (47), et une réunion d'Étudiants de couleur. En Mars, il annonce une intervention, une exposition et des

---

[107] Sans doute, celle du 22 Janvier 1928.

conférences à Louvain (48-49). Au mois d'avril 1928, il donne un rapport à l'Académie des Sciences Coloniales sur la Société indigène au Dahomey (50). Pour l'année 1929, Mgr Baudrillart le presse pour un cours d'ethnographie à l'Institut Catholique (50). En août 1928, il participe au Congrès missiologique de Louvain. Avec cela, il trouve encore le temps (!) de vouloir suivre des cours d'ethnographie deux fois par semaine, « *pour donner plus tard une nouvelle impulsion à notre bulletin* » (38).

Le point d'orgue, le sommet, de cette époque sera le voyage à Rome, en mars-avril 1928, où il compte faire approuver sa politique (49) : « *Je t'écris hâtivement au moment de partir pour Rome où je vais passer 15 à 20 jours dans le but de faire approuver mes idées et mes campagnes en faveur des Noirs. ... J'espère obtenir une Bénédiction spéciale du Saint Père pour les Rédacteurs de la Reconnaissance Africaine. ...* » Le résultat dépasse toutes ses espérances et la lettre 50, dithyrambique, rend compte de l'audience accordée par le Pape : « *Quelle joie, quel triomphe ... de voir notre chère revue ouverte sur le bureau de Sa Sainteté ! Le Pape feuilletait et je voyais passer sous ses doigts et sous ses yeux les titres de vos articles !! Comme je leur trouvais un autre sens et une autre beauté à ces titres ! Comme votre travail me paraissait grand dans ce cadre universel de la Ville ...* » Il continue : « *J'ai reçu du Cardinal Gasparri cette lettre ... J'espère qu' (elle) va émouvoir et convaincre les confères au Dahomey.* » En voici l'essentiel :

« *Très Révérend Père,*

Le Souverain Pontife a agréé avec une bienveillance particulière l'hommage que vous Lui avez fait, au cours de la récente audience, du recueil des N° de « La Reconnaissance Africaine » 15 Août 1925- Décembre 1927.

Sa Sainteté vous remercie de cœur et vous exprime ses paternelles félicitations pour l'heureuse initiative qui ne peut qu'être avec d'autres avantages, un écho de la bonne nouvelle parmi vos populations. Le Saint Père est aussi heureux de constater que cette publication est en partie l'œuvre des Séminaristes indigènes qui, dans leurs études, réservent une place convenable à tout ce qui touche de plus près leurs frères de race et se préparent ainsi à rendre plus fructueux leur ministère sacerdotal pour le salut de leurs nationaux ... »

La réflexion d'Aupiais à Paul Hazoumê au sujet de cette lettre sur ses propres confrères au Dahomey, montre que tout le monde était loin de partager sa politique missionnaire.

En Janvier 1928, Aupiais fait part à Paul Hazoumê d'un projet nouveau : « Je songe toujours à partir pour le Dahomey avec une mission cinématographique » (47). En février, il donne des précisions : « <u>Faire faire un film</u> et préparer à l'avance les plus gracieux usages, les plus belles cérémonies (religieuses ou royales). Des scènes les plus caractéristiques mais <u>les plus dignes</u> de la vie sociale, familiale, professionnelle des Indigènes, ... » (48). En juin, alors que le projet avance, il précise : « Voici maintenant une grande nouvelle. Je serai au Dahomey en Décembre prochain avec un opérateur Cinéma et en photographie en couleur, et nous apporterons en même temps des disques pour enregistrer des chants. Je désire continuer et augmenter encore la propagande ... et cela pour réhabiliter les Noirs aux yeux des Européens. Je vais faire filmer uniquement des scènes qui donnent une bonne idée des Noirs, de leurs coutumes, de leurs usages sociaux, de leur politesse, de leur étiquette, de leur symbolisme, etc. Par conséquent, je ne vais pas prendre les choses odieuses ou grotesques ... Mais je ferai volontiers cinématographier de bonnes et belles danses d'Abomey, des cérémonies funéraires, ... » (51). Et il demande à Paul si certains de ses amis et lui-même ne pourraient l'aider. Une carte postale d'août indique qu'il « règle son voyage au Dahomey » (52). Ce voyage, prévu d'abord pour l'hiver 1928-1929, a lieu finalement de décembre 1929 à juin 1930. Puis, pendant 19 mois, il n'y a plus de lettre, jusqu'à une carte postale (53) envoyée d'Abomey au retour de Natitingou. Comment expliquer ce manque, alors que de Bassam en Côte d'Ivoire sur le chemin du retour, il remercie chaleureusement Paul « de ton fidèle dévouement et de la grande droiture à mon égard ... des services que tu m'as rendus et de la belle fête que tu as organisée à Cotonou en mon honneur. » (54) ? Les courriers adressés à Paul ne nous donnent ainsi aucune information sur la réalisation de ce film.

Le texte du projet ci-dessus mérite cependant qu'on s'y arrête car là se trouve l'aspect le plus critiquable de la méthode d'Aupiais pour revaloriser les cultures africaines : retenir « *les plus gracieux usages, les plus belles cérémonies, les plus dignes ... Je vais faire filmer uniquement des scènes qui donnent une bonne idée des Noirs ...* » Martine Balard[108] lui reproche de même de décider de lui-même les objets d'art les plus dignes d'être montrés ; en 1928, son ami, le père Parisot[109] lui adresse un reproche semblable : « *Je viens d'avoir le texte de quelques-unes de ses conférences ... Je ne vous cacherai pas que non seulement quelques-unes de ses propositions me semblent paradoxales, absolument utopiques, et dangereuses ...* ». Autant son engagement pour rendre leur dignité aux Africains est juste, autant a-t-il le droit de gommer, de cacher ce qui peut sembler déviations et qui ne va pas dans le sens de sa politique ?

Il est fort probable qu'Aupiais devait mûrir ce projet de film depuis déjà longtemps, d'autant plus qu'il s'inscrit parfaitement dans son combat pour la reconnaissance des cultures africaines. Ainsi quand son bulletin de *La Reconnaissance Africaine* meurt début 1928, il n'est pas pris de court, il a déjà rebondi vers d'autres projets, allant toujours dans le même sens. Dès janvier 1928, il avait écrit à Paul : « *Pour ma part, je prévois que chaque année un champ nouveau s'ouvrira à mon apostolat pour la Race Noire* » (47).

---

[108] Martine Balard. *Dahomey, 1930 ...* p. 103

[109] Cf. Jean Bonfils. *La Mission Catholique en République du Bénin.* Karthala, 1999. L'auteur ne donne pas le nom du signataire de cette lettre.rthas, 1999 ; p. 204. L'auteur ne donne pas le nom du signataire de la lettre.

Ainsi de la fin 1926 à 1931, les activités s'enchaînent : conférences, expositions, interviews à la radio, voyages ..., mais aussi achats et envois de livres, recherche de matériel agricole ... Avec lui, on peut dire qu'il est débordé de travail : *« J'ai beaucoup à te dire. Mais je suis si occupé. Je ne prends pas une heure de repos... Je travaille plus ici qu'à Porto-Novo »* (41, 42, 48). Il fait part du temps passé en rendez-vous : *« Mon temps est beaucoup plus employé que je ne l'avais prévu et les communications sont lentes à Paris ... pour une sortie il faut prendre la moitié au moins d'une demi-journée. » (37, cf. 35, 38 ...)*

4. Aupiais en exil à Baudonne (1931-1937)

a) Les raisons de l'exil

À la fin de 1927, le Père Chabert, supérieur général, choisit Francis Aupiais comme provincial de la province de Lyon avec une entrée en fonction en Mai 1928. Mais rapidement vont surgir entre ces deux personnes de profondes divergences à propos du gouvernement de la province et de la politique missionnaire d'Aupiais. En février 1931, Aupiais ne cache pas à Paul qu'il a des problèmes : *« Ne t'inquiète pas au sujet de ma qualité de provincial, que je n'ai pas perdue malgré les efforts que l'on a faits pour me destituer »* (55). Le père Chabert lui reproche en particulier ses absences de Lyon pour l'administration de sa province, ses idées et ses relations peu orthodoxes à ses yeux, des dépenses nullement prioritaires, peut-être aussi ses prises de position contre les abus de la colonisation[110] ; les autorités publiques auraient alors fait pression pour le réduire au silence : interdictions de conférences ou de présentations de son film, d'édition de son livre *« Le Missionnaire »*[111]... Quoi qu'il en soit, le père Chabert obtient de Rome la permission d'avancer l'assemblée provinciale de Lyon au mois de juillet 1931, qui ne renouvelle pas le mandat du père Aupiais ; il est

---

[110] Sur ce sujet, voir Martine Balard, op. cit. p. 279 ss.
[111] Il sera finalement édité en 1938.

alors nommé supérieur du petit séminaire des Missions Africaines de Baudonne dans les Landes. Lui-même parle De cette période comme d'un « *exil* » (78).

b) La soumission

S'ouvre ainsi pour Aupiais une traversée du désert. Alors qu'il était le numéro 2 de l'Église au Dahomey, curé de Porto-Novo, vicaire général de Mgr Steinmetz, en relation constante avec les autorités administratives au Dahomey, puis avec les autorités intellectuelles religieuses et civiles en France, reçu par des ministres, invité pour des conférences, des cours en université où il fait autorité…, choisi par le père Chabert lui-même comme provincial qui le démet quatre ans plus tard, le voici relégué dans un petit séminaire maigrement peuplé qui compte quatre classes jusqu'à la 4ème.

Passionné par ce combat pour la reconnaissance des cultures africaines, il va souffrir une autre passion, celle d'un reclus. Il ne se rebelle pas, et aucune des 25 lettres de 1932 à 1936 à Paul Hazoumê ne fait état des raisons de cet exil. Au contraire, il prend à cœur son travail de supérieur, et ceux qui l'y ont connu, professeurs et élèves, en gardent le meilleur souvenir. Il ne s'appesantit pas sur son sort, même quand il est gravement malade en octobre 1932 (56-57). En janvier 1933, il réconforte même Paul qui lui aussi connaît des ennuis professionnels : « *Ce n'est pas à cette époque de l'année, époque des vœux et des prières, qu'il faut être pessimiste … je n'hésite pas à te dire : Bonne et heureuse année … Restons unis dans la prière …. En attendant un jour plus heureux* » (58). Il se révèle homme de foi, avec ses doutes, ses interrogations. En ce même mois de janvier 1933, il va plus loin en remerciant Paul de ses prières : « *Puissent-elles m'obtenir que je fasse de plus en plus la volonté de Dieu et que je ressemble davantage à notre Divin Modèle, Notre Seigneur !* » (59). Certes, il qualifie la mort en mars 1933 du Père Chabert de « *grande* », elle l'est pour lui-même, même s'il craint ses successeurs, mais il ne l'accable pas et lui pardonne : « *Que*

Dieu lui pardonne ! » (61). En mai 1934, il se pose la question : « *Mes supérieurs se préoccupent-ils de me renvoyer en mission ? Je crois bien que non !* » (69). Il en a la nostalgie et confie qu'il a pleuré : « *J'ai été bien ému, hélas jusqu'aux larmes, d'apprendre que le Père Colin avait été nommé à Porto-Novo. Pourquoi suis-je retenu si longtemps en France ? Fiat !* » (66). En mars 1935 à la nomination de Mgr Parisot comme vicaire apostolique, il a pu entrevoir un début d'espoir pour son retour (78), mais en janvier 1936, dit-il, « *j'ai été d'avis d'attendre ..., afin d'éviter à jamais les ennuis que j'ai eus ces dernières années ....* », bien que Mgr Parisot « *a fait ce qu'il a pu pour m'emmener* ». Dans ces lettres, Aupiais accepte cette épreuve sans rancœur ni rancune, mais avec foi : c'est le sens de son « *fiat* » et de l'acceptation de la volonté de Dieu sur lui avec le Christ comme modèle.

c) Ses relations avec l'Afrique

Mais cela ne fait pas l'essentiel des lettres envoyées à partir de Baudonne. S'il est interdit de parole et d'écriture, on ne peut lui enlever sa passion pour l'Afrique. Il garde ses relations avec l'Afrique et ses amis. Il reçoit les journaux du Dahomey et il fait savoir qu'il en est heureux (63*)*. Il s'intéresse à la parution d'ouvrages de Trautmann (46), de Delafosse (38), et de Lévy-Bruhl qui « *contient une citation de G. Kiti à partir de son étude sur le fétichisme au Dahomey* [112] » (46).

Il cite de nombreuses connaissances dahoméennes ; parmi d'autres, Nicoué qui aide Paul Hazoumê (58*)* ; l'abbé Dominique Adéyémy qui préside la grande fête *gunnu* de l'Épiphanie 1933, dont il est l'initiateur (59) ; Marcellin Apithy (Apiti), son ancien élève (59) qu'il accueille à Bordeaux en novembre 1933 : « *Je suis allé à la rencontre de Marcellin Apithy lors de son débarquement à Bordeaux, et j'ai pu m'occuper utilement*

---

[112] Lucien Lévy-Bruhl. *L'âme primitive*, Paris, 1927. Cette citation se trouve à la page 5-6, note, reprise de *La Reconnaissance Africaine*, n° 25, p. 2-3.

de lui … Marcellin suit les cours de l'École de Commerce » (64, 68) ; également, Louis Pinto, avocat et futur sénateur (64). Nous avons aussi une longue lettre (67) entièrement consacrée à Mlle Théodora Campos, religieuse africaine des Sœurs Missionnaires Catéchistes du Sacré-Cœur, obligée de rentrer dans son pays. Il parle à Paul de sa rencontre avec un certain docteur Lacommère (68), médecin, ancien du Dahomey, qui connaît beaucoup de Dahoméens et qui ne tarit pas d'éloges sur eux. Il recommande à Paul un nantais, Bouchaud, artiste peintre, qui se rend au Dahomey (56, 57, 58, 59, 62).

Suite sans doute aux expositions d'art africain des années 1926 et 1927, la maison d'édition Bloud et Gay, en novembre 1934, demande au père Aupiais de lui procurer des objets dahoméens pour une vente de charité ; celui-ci fait suivre la demande à Paul Hazoumê qui avec ses amis fait le nécessaire (75 à 78).

Dans la mesure où il est sollicité, il s'intéresse aux problèmes scolaires. Il entre ainsi en relation avec le chanoine Grill qu'il recommande à Paul s'il se rend au Dahomey (73). Il sollicite son avis sur deux livres : « *Me dire, en toute sincérité, si la population scolaire et la population tout court trouvent à leur goût les illustrations de deux livres « Contes de la Brousse (et) Mamadou et Bineta, livres bien faits au point de vue pédagogique … »* (68).

C'est encore une demande pour la Semaine Missiologique de Louvain d'août 1936. Il demande à Paul : « Cette lettre a un seul but : te tenir au courant d'un projet de « rapport » que l'on m'a demandé pour le Congrès de Louvain. Je ne veux pas faire ce travail parce que mes Supérieurs de Lyon n'aiment pas le Centre Missiologique de Louvain et que je ne désire pas m'attirer des désagréments. D'autre part, je suis trop éloigné du Dahomey pour parler des « sorciers » en connaissance de cause » (80).

d) L'édition du Pacte du sang

À côté de ces évènements ponctuels, un sujet important de ces lettres d'exil concerne l'édition du livre 'Le Pacte du Sang' à l'Institut d'Ethnologie. Paul Hazoumê en a déjà fait paraître quelques passages dans la *R.A.* Aupiais lui en a parlé plusieurs fois ; en mai 1926, il lui écrit : « *Je ne te parle plus du pacte, pour lequel tu parais beaucoup hésiter* » (25). Mais Aupiais y tient, et à son retour en congé, il va servir d'intermédiaire. Dès le mois de novembre 1926, il prend contact avec l'Institut d'Ethnologie (35), et le 20, il lui écrit : « *J'ai parlé de ton livre sur le Pacte... Ces Messieurs d'ailleurs n'ont pas l'air de croire que ton livre est aussi supérieur que je veux bien le dire. ... Je te dirai dans quelques jours ... si tu dois me l'expédier. En tous cas, ... fais-le taper en double ou triple exemplaire.* » Il lui renouvelle cette demande en janvier à l'intention de Lévy-Bruhl (38). On ne sait à quelle date le manuscrit est envoyé, mais il faut attendre octobre 1932, soit cinq ans, pour qu'Aupiais alors à Baudonne en reparle. Il s'agit alors de retoucher quelques chapitres et il fait allusion au projet de Paul de reprendre son manuscrit « *si ces messieurs ne voulaient pas accepter ta dédicace* » (56). Sans doute Paul est-il déjà fatigué et excédé des retards. Il en sera encore question, mais Aupiais qui veut cette parution et qui lui en expose les raisons, fait tout pour le calmer. En novembre, il lui écrit à nouveau au sujet d'un chapitre concernant le symbolisme (57). En janvier 1933, il annonce qu'il vient de recevoir « *les premières épreuves du Pacte, c'étaient les illustrations ...* », mais non le texte (59). En juillet, il apprend les causes de la lenteur : le manuscrit serait entre les mains de Marcel Mauss (62) ; la lettre 63 de septembre le confirme : « *J'ai appris que le Pacte était depuis un an entre les mains de Mr Mauss ...* ». Aupiais décide alors d'écrire à Lévy-Bruhl « *afin de lui dénoncer la situation ... qui risque de te décourager, sinon de te blesser ...* » ; il l'invite en même temps à prendre patience : « *ce serait un grand honneur pour toi si tu pouvais voir ton travail magnifiquement édité* ». L'intervention est efficace, Lévy-Bruhl répond que l'Institut désire toujours éditer cet ouvrage à qu'il faudra apporter quelques retouches ; qu'un *ethnologue du Trocadéro* part pour Porto-Novo et *révisera* son travail avec Paul ; ceci n'est pas tellement du goût d'Aupiais, mais il conseille à Paul de jouer le jeu, et il le supplie : « *En tous cas, ne retire pas ton manuscrit de l'Institut sans une cause très grave, ou sans me demander conseil, parce qu'aucune association scientifique ne peut mieux te lancer et t'accréditer que cet organisme* » (65). Paul répond en janvier 1934 ; Aupiais continue de lui prêcher la patience en insistant sur le rôle de l'Institut qui n'est pas un *éditeur commerçant*, et *travaille pour la science et l'avenir* (66, 69). En juin, une lettre de Marcel Mauss apprend à Aupiais qu'il vient d'envoyer le manuscrit à Porto-Novo à Mr Maupoil, l'ethnologue annoncé (70) ; Aupiais en avise Paul qu'il « *supplie de laisser ton manuscrit entre les mains ... de l'Institut* », et de renoncer à toute autre offre (71). En novembre, Aupiais en demande des nouvelles à Paul ; mais celui-ci n'a pas vu Maupoil qui ne semble pas l'attirer. En décembre, Aupiais lui reproche vertement de n'avoir pas bougé : « *Parlons du Pacte et parlons-en franchement : tu me communiques trop tard une lettre que tu as reçue à la fin de juin. Si j'avais eu connaissance plus tôt de cette lettre, je t'aurais dit de voler à Porto-Novo, de te mettre au travail avec Mr Maupoil .... Ce serait presque un malheur d'échouer ainsi au port. Les retouches que te demande Monsieur Mauss ne me paraissent pas excessives. <u>Fais-les</u> et envoie-moi ensuite le manuscrit ; dans la mesure où mon affection pour toi peut te commander, c'est un ordre que je t'envoie* » (74). Une lettre de mars 1935 demande si Maupoil a *corrigé le manuscrit* (78). L'ordre est entendu parce que finalement en janvier 1936, Aupiais accuse réception à Paul : « *Le 'Pacte' est arrivé à bon port. Je l'ai reçu avec une véritable émotion, songeant aux efforts qu'il t'a coûtés et à sa destinée qui ne manquera pas d'être glorieuse. ... Un autre grand jour sera celui où le Pacte sortira de l'imprimerie à l'état de livre.* » Il lui annonce qu'il fait suivre le document à l'Institut et qu'ensuite il corrigera les épreuves (79). Au total : une dizaine d'années pour faire éditer cet ouvrage ! Patience et obstination !

e)   Sa vision d'un travail ethnologique

Pour la préparation de cette édition, Lévy-Bruhl pense à Bernard Maupoil, un étudiant de l'Institut qui part à Porto-Novo à la fin de 1933 comme fonctionnaire ; cela ne semble plaire ni à Aupiais ni à Paul Hazoumê. Aupiais en novembre 1933, avait déjà fait part à Paul de ses vues sur l'approche d'une culture : « *Ton enquête au Dahomey si rapide t'a fait comprendre une fois de plus comment sont établis les livres ethnographiques écrits par les Blancs, même certains Missionnaires. Il faut absolument plier les faits aux théories et aux systèmes de ces Messieurs ! Combien l'observation directe et désintéressée est supérieure à cette documentation superficielle et systématique !* » (64). Nous ne savons pas de quelle *enquête* il est question ici, mais Aupiais récuse tout travail qui n'est pas basée sur une *observation directe* ; à cette époque en effet, beaucoup de savants font de l'ethnologie en chambre, travaillant dans leur bureau à partir d'observations rapportées par des voyageurs. S'il accorde à Maupoil le bénéfice de sa sympathie à la suite de la recommandation de Mr. *Massignon, professeur au Collège de France,* cela ne l'empêche pas de livrer le fond de sa pensée : « *Monsieur Maupoil vient de m'écrire pour me demander de lui (sic) aider à diriger ses recherches ethnographiques. Je lui répondrai froidement. Ces jeunes savants ont tort de croire qu'il suffit pour faire de l'ethnographie d'avoir du papier, des mines de rechange pour son crayon et un bon interprète. Les interviews ne suffisent pas aux réponses d'une enquête sur les mœurs d'un pays et surtout sur sa religion. Il faut 's'imprégner' soi-même, pour ainsi dire, de la vie indigène ; il est nécessaire pour cela de vivre près des Noirs, de leur consacrer sa vie, du moins un temps bien long* » (71). Voilà qui est dit cavalièrement, mais c'est clair si on veut produire un travail honnête ! On pourrait cependant se demander pourquoi Aupiais, après 20 ans au Dahomey, est obligé de demander de la documentation à Paul sur des sujets aussi importants que le mariage (35), les proverbes (48), les sorciers et la sorcellerie en Afrique (80). S'imprégner de la culture est évident, mais en faire ressortir les grands axes demande un minimum de méthode et de réflexion.

B. La personnalité d'Aupiais

1. Ses qualités

Les principales qualités d'Aupiais sont son ardeur au travail, sa ténacité, son courage dans les épreuves, sa capacité à les dépasser, également sa soumission à ses supérieurs. À côté de cela, il a conscience de sa valeur, de la justesse de sa politique en faveur des Noirs, de ses choix, des résultats positifs qu'il en obtient. Pour nous c'est ce qui ressort le plus à la lecture de ces lettres ; à cet égard, il n'est guère modeste. Cette haute opinion qu'il a de lui-même s'accompagne en même temps d'optimisme et de *confiance*, un mot que l'on retrouve plus d'une dizaine de fois, autant que celui de *courage* à l'adresse de Paul.

Travailleur, Aupiais l'est, et il en a conscience ; quand Paul lui reproche de le sacrifier, il lui répond franchement : « *Tu me dis que je te sacrifie à mon travail en France. Hélas ! je m'y sacrifie le premier, j'y sacrifie ma famille, mes amis. J'ai passé à peine six jours dans mon pays natal, et je n'ai pas pris un jour de congé. Chaque jour, ce sont des voyages nouveaux, des démarches nouvelles. Je viens d'arriver ici pour organiser une Exposition. J'étais à Nantes au commencement de ce mois pour une Exposition également. Tu ne peux guère te représenter, mon cher Paul, le travail que me demande la propagande que j'ai entreprise. Tous mes confrères ont pitié de moi ...* » (43). *Plusieurs fois, il le lui répète au cours de ses lettres. Et c'est ce qu'il demande à ses collaborateurs :* « *Ce qu'il me faut c'est du travail, comme tu m'en donnes, du travail écrit et non des parlottes* » (13).

En août 1925, il est assuré de sa réputation à venir et il ne comprend pas les réticences des imprimeurs à s'engager à sa suite : « *C'est le moment de travailler …. Pour être à la hauteur de la réputation que Monsieur Delafosse va nous faire… Quel dommage que les imprimeurs ne comprennent pas le beau rôle qu'ils ont à jouer dans notre œuvre !* » (4). Il pense même qu'il va servir de modèle : « *Je voudrais te demander si la lecture de mes conférences te donne l'idée d'<u>enquêtes</u> et de <u>travaux</u>. Je le pense, et j'espère qu'il en est ainsi de ces Messieurs au séminaire, et du Père Perrin et du Père Kern* » (48). Pour lui, les difficultés ne sont alors pas insurmontables, comme la fatigue de Paul qui va l'obliger à quitter Cotonou pour Abomey et à ne pas pouvoir suivre la parution du bulletin ; Aupiais le rassure : « *J'ai confiance en l'Étoile du Bulletin et notre situation n'est pas désespérée* » (17).

Juste à son retour en congé, survient le décès de son ami Delafosse : « *C'est une grosse épreuve pour notre œuvre. Mais ne désespérons pas. Je n'ai pas perdu courage et j'ai entrepris immédiatement de me faire connaître par d'autres personnes. … Quelle sera l'issue de tous ces tracas ? Je l'espère <u>bonne</u> et même très <u>bonne</u> …* » (35). Une porte se ferme, aussitôt Aupiais sait se reprendre et trouver une solution, 'Ne pas désespérer' est une constante chez lui. Dans cette même lettre, il fait savoir à Paul : « *Toutes les personnes que j'ai vues … admirent beaucoup la Reconnaissance.* » *Quelques jours plus tard, même admiration pour des bandes dessinées qui « font le meilleur effet … On ne comprend pas que les Noirs arrivent à un tel résultat. Félicitations à Anselme* » (37). Cette réflexion d'Aupiais en dit long sur l'appréciation que l'on se faisait alors des capacités des Africains.

Il est conscient de la portée et de la valeur de son engagement : « *Quel travail je fais pour la réhabilitation des Indigènes de l'Ouest Africain et quel bon accueil je reçois du public français !* » (44). Plus tard, « *Il faut absolument continuer à réhabiliter la Race Noire* » (48). Ce sera le but de son film : « *réhabiliter les Noirs aux yeux des Européens* » (51). Il emploie aussi cette expression de propagande mélanophile (42) qui devait comporter à l'époque un humour certain.

En avril 1926, paraît un article de Maurice Delafosse : « *Nous sommes couverts de fleurs, toi particulièrement. Je suis <u>très heureux</u> de la joie que mes collaborateurs vont éprouver* » (22, 28). En novembre 1926, il écrit : « *Toutes les personnes que j'ai vues admirent beaucoup la R.A.* » (35). En décembre : « *Notre petite Reconnaissance si peu connue et appréciée au Dahomey me vaut ici des louanges sans fin. Nous ne nous sommes donc pas trompés, nous pouvons avoir confiance ...* » (37). Et cela continue en Février 1927 : « *Désormais la R.A. est connue, et bien connue, je puis dire de l'Europe entière, parce que j'ai parlé d'elle au poste de radiophonie de la Tour Eiffel ... La R.A. est entrée dans l'histoire littéraire coloniale* » (39). Et en même temps « *On est surpris et ravi de m'entendre dire tant de bien des Noirs. À Lille, ... les assistants n'en revenaient pas d'entendre tant de bien des Indigènes* » (38).

Il énumère les résultats obtenus ; de Nantes en avril 1927, il écrit : « *(Je te) donne une idée de ma propagande mélanophile ! Je suis en train de changer les idées des Français au sujet des Noirs de nos Colonies, et ma campagne ne rencontre aucune difficulté, au contraire, on est généralement heureux de voir que les Indigènes de l'AOF valent bien mieux que leur réputation* » (42) ; de Marseille, le même mois : « *Le Dahomey est devenu célèbre et célèbre de la bonne manière... Aie confiance ... nous avons trouvé le succès, le grand succès* » (43) ; le mois suivant, de Lyon : « *Quel bon accueil je reçois du public français qui est enchanté d'entendre parler de 'civilisation dahoméenne'* (44) ». C'est grâce à lui que « *Le Dahomey est devenu célèbre et célèbre de la bonne manière* » (43). En février 1927, à la suite de l'Exposition à Paris où le ministre des Colonies a prononcé un discours qu'il a fort apprécié, il affirme de lui-même : « *Je suis devenu une notabilité coloniale* ». (39).

Son combat est vécu comme une série de victoires, de succès ; ce dernier mot se trouve une vingtaine de fois dans ces lettres ; après une conférence à Lille : « *L'on est surpris et ravi de m'entendre dire tant de bien des Noirs ... À Lille ... les assistants n'en revenaient pas d'entendre tant de bien des indigènes »* (38). À la suite de l'Exposition de Paris, il ne peut s'empêcher de s'écrier « *Quel succès !* » (39) Il en est de même à Nantes : « *Mon exposition a été un très gros succès* » (42). À Marseille : « *Nous avons trouvé le succès, le grand succès, et ce n'est pas fini* » (43). Comme à Louvain : « *Les Arts Dahoméen ont eu un très grand succès* » *(49).*

La mort de l'imprimeur Wenceslas au début de l'année 1927 ne l'abat pas ; au contraire, il voit les résultats déjà acquis : « *Nos ennuis auront une fin. Déjà nous pouvons dire que nous avons récolté autant que nous avons semé, sinon plus* » (41). Il trouve un immense motif de satisfaction dans la collaboration de son équipe autour de Paul Hazoumê : « *Je lirais la Reconnaissance presque à genoux quand je la reçois, tellement je suis heureux de voir comment vous continuez le sillon.* » Et il supplie : « *Il faut que le Bulletin vive !* » (41) À la suite de l'exposition de Paris il s'exclame : « *La R.A. est connue et bien connue ... de l'Europe entière ... La Reconnaissance Africaine est entrée dans l'histoire littéraire coloniale* » (39). Malgré ses ennuis de 1928, il garde toujours confiance : « *Tu peux être certain que je ne laisserais pas tomber la R.A. dont on me dit du bien partout et particulièrement dans les milieux scientifiques. Reprends donc courage ...* » (47) ; deux mois plus tard, à la veille de partir pour Rome, il s'adresse à Paul : « *Sois sûr que la R.A. vivra, poursuis donc tes remarquables études ... qui sont toujours des documents de première main* » (49).

Aupiais a conscience de la justesse de ses choix : « *Nous ne nous sommes donc pas trompés* » *(37),* dit-il à la suite des louanges qu'il reçoit sur la *R.A.* De même quand il s'agit de convaincre Paul de laisser son manuscrit à l'Institut : « *Je ne puis ni te tromper dans une matière aussi grave, ni me tromper ...* » (71). Mais il sait reconnaitre aussi ses erreurs : « *Je regrette beaucoup de l' (ton texte) avoir retouché, parce que je crains d'avoir atténué certaines expressions.* » (2).

Il n'est pas mécontent des éloges qu'il reçoit pour lui ou ses collaborateurs, Paul en particulier, avec qui il les partage : « *Une curieuse coïncidence m'a fait rencontrer Mr le Docteur Lacommère qui est originaire des Landes. Nous étions voisins de table à un banquet organisé pour une « Journée Agricole ». Mr le Docteur Lacommère m'a parlé des Dahoméens en général, avec beaucoup d'éloges. Il a bien étonné nos voisins de table quand il a expliqué de quoi étaient capables, au point de vue technique, des Médecins-Auxiliaires comme M. Elisha et des Sages-femmes comme Mme Oliviera. Enfin, il en est venu à parler de toi et il t'a représenté comme un homme remarquablement intelligent et d'un caractère d'une parfaite droiture. De telles paroles m'ont rendu bien heureux, comme tu le penses.* » (68)

2. Ses relations

Pour assurer la réussite de son entreprise, Aupiais doit s'adresser aux bonnes adresses. À Dakar de 1915 à 1918, Aupiais s'est lié d'amitié avec deux hauts fonctionnaires, Georges Hardy et Maurice Delafosse avec qui il a continué d'entretenir des relations. Il espère les retrouver en France en 1926 ; si Delafosse décède juste à son retour, Hardy qui dirige l'École Coloniale va lui ouvrir des portes, et d'abord celles de son établissement (37). Il entre en contact avec les milieux ethnographiques, et rencontre très rapidement les plus éminents spécialistes français de l'époque : Labouret, Rivet, Lévy-Bruhl, Mauss. Ensuite, ce sera le père Schmidt, fondateur de la revue ethnographique germano-suisse *Anthropos* (50). En quelques semaines, il peut prévoir conférences, expositions, causeries à la radio. Le ministre des Colonies lui-même inaugure sa première exposition à Paris. Il publie ou fait publier des articles dans la presse nationale, tandis que la presse locale rend compte de ses manifestations en province. En 1928, quand il prépare son voyage au Dahomey, il écrit à Paul : « *Je vais travailler pour cela auprès du nouveau Gouverneur dont on me dit beaucoup de bien. Je me servirai pour cela de mes relations avec Monsieur Crouzet qui est l'Inspecteur de l'Enseignement de Paris et en même temps Directeur de l'Enseignement au Ministère des Colonies »* (48). À Porto-Novo, il est en contact avec le gouverneur, tous les deux s'intéressent à l'histoire locale : *« Monsieur Fourn ... m'a donné des explications historiques qui ont confirmé mes hypothèses sur plusieurs points ... »* (11) ; également avec les services de l'agriculture et de la santé, à qui il demande des articles pour *la Reconnaissance Africaine.* Ce qui frappe à la lecture de ces lettres de cette époque, c'est le nombre et la qualité de ses relations administratives, politiques ou scientifiques. Aupiais n'hésite pas s'il le faut à s'adresser en haut lieu : quand le gouverneur lui refuse d'utiliser l'imprimerie du gouvernement, il écrit : *« J'irais trouver le Ministre des Colonies si je savais que Mr Fourn a refusé »* (41)

De ses relations, il valorise les aspects positifs, et parle peu du négatif. Envers ses amis, ceux qu'il estime ou qui l'aident, Aupiais n'est pas avare de superlatifs élogieux, affectueux, souvent dithyrambiques. En dehors de ses plus proches collaborateurs africains, Paul Hazoumê, les abbés Mouléro et Kiti qui lui envoient régulièrement des articles, il est plein d'éloges pour Jean Suayenou qui a trouvé de nouveaux abonnés : *« Notre ami Jean Suayenou s'est montré très dévoué à notre œuvre »* (7) ; de Denis Gonsallo, il retient le même dévouement (10) ; de Paulin Norman qu'il a longuement rencontré, il dit : *« Je crois avoir trouvé en lui un collaborateur très sérieux et très intelligent »* (25). Il ne tarit pas d'éloges sur le *cher* président des Gounnous, *« qui avait tant de bon sens, tant de perspicacité et tant de dévouement »* (66).

Parmi ses amis européens, citons l'équipe de l'Institut d'Ethnologie où, dit-il, *« J'ai été très bien reçu ... On me favorisera ... »* (35) ; Lévy-Bruhl *homme éminent* (37) et *tout-puissant* (38), *« très gentil pour moi et très dévoué à notre initiative »* ; Marcel Mauss, *grand professeur d'Ethnographie* (38) ; Paul Rivet, *enthousiaste* à la vue d'une statue d'Assogba ; Labouret est lui aussi qualifié de *très aimable* (47). Il revoit le ministre des

Colonies après l'exposition de Paris et il le qualifie de *gentil* (43). Il a reçu un certain Monsieur Bêton, dont il dit : « *Cet homme me plait beaucoup* » (13). Le chanoine Grill, pour lui, « *est un pédagogue qui fait autorité dans nos milieux* » (73). Il faut encore citer le Docteur Lacommère, ce médecin qu'il rencontre par hasard dans un *banquet* ; il a dû servir au Dahomey, car il parle des Dahoméens aux convives présents *avec beaucoup d'éloges*, en particulier de Paul Hazoumê lui-même et des médecins qu'il a connus et appréciés dans l'exercice de leur profession (68).

De ses confrères, il faut citer Mgr Parisot, auteur d'une lettre qui a dû peser son poids dans les décisions de sa disgrâce, mais qui reste toujours son ami : « *il m'a gardé sa précieuse amitié* » (78), et pourtant les griefs étaient lourds ; il ne tarit pas d'éloges sur lui quand il est nommé vicaire apostolique de Ouidah : « *Sa longue carrière missionnaire qui s'est écoulé dans l'activité la plus apostolique (chez les Adjas) ou dans les fonctions les plus élevées (Supérieur au Séminaire), sa carrure missionnaire a toujours et de plusieurs manières révélé les qualités de son âme, la culture de son esprit et les qualités toutes personnelles de sa nature : exquise sensibilité, grande bonté, en même temps que fermeté de caractère. Soyez heureux, le Bon Dieu veille sur votre cher pays* » (78).

Par contre, quand il ne peut taire à P. Hazoumê une réalité déplaisante, il ne juge pas durement et n'ajoute pas de commentaire ; et rares sont les remarques négatives sur ses adversaires. Du père Chabert, il dit que c'est de lui que lui viennent ses ennuis, mais sans entrer dans le détail (61). De Mgr Steinmetz, c'est lui qui lui « *ferme la porte du Dahomey* », là aussi sans plus de précision (69) ; et en appréciant qu'il lui ait envoyé une lettre *très aimable* (47). Au sujet du père Tastevin, qu'il pensait être un ami, il se permet juste une remarque amère sur l'amitié : « *J'ai été un peu surpris ... d'apprendre qu'il me fallait ... compter le P. Tastevin parmi mes adversaires. Pourtant, il m'a manifesté plusieurs fois sa sympathie. Mais dans la position où je me trouve on n'a d'amis que ceux qui le sont vraiment* » (64). Il demande à Paul Hazoumê de ne plus avoir recours au père Joseph Planque, sans plus de précision (17, 19). Il n'hésite pas cependant à prendre clairement position pour sœur Théodora Campos et la fondatrice de sa congrégation religieuse, « *Mlle Munet … sacrifiée à cause de sa négrophilie* » (67). La directrice de l'école d'Amiens où sont scolarisées les filles de Paul, elle aussi, ne semble pas avoir les faveurs d'Aupiais, mais jamais il ne l'accable. Si à la mort de l'imprimeur, Wenceslas, il ne peut (41) recourir à l'imprimerie du gouvernement, il ne se permet cependant aucune appréciation sur la personne et l'administration du gouverneur.

À cette époque, les étudiants dahoméens, encore peu nombreux, qui sortent des écoles de la mission ou des Grandes Écoles de Dakar, sont promis à la fois à un avenir professionnel intéressant, et pour certains à un avenir politique. Aupiais en connaît : en dehors de Hazoumê lui-même qui sera conseiller de l'Union Française, on trouve d'autres dahoméens, Louis Pinto sénateur, Marcellin Apithy, député puis président de la République ; des sénégalais Lamine Gueye, Gadandou Diouf, Diagne (51). Rares sont les critiques négatives ; parmi elles, une cependant vise les hommes politiques dahoméens : « (Ils) *ne sont vraiment pas dignes de la haute mission qu'ils ont à remplir au nom de leurs compatriotes puisqu'ils sont si intéressés et si peu loyaux* » (69) ; et de Nicoué, il dit qu'il est *plutôt opportuniste vis-à-vis des Blancs et de l'administration* (58).

Nous ne pouvons énumérer toutes les personnes qu'il demande à Paul de saluer de sa part, la lettre 54 en donne une liste, avec un petit mot personnel. Toujours par l'intermédiaire de Paul, il se fait un devoir de faire suivre à ses collaborateurs ce qu'il a entendu sur leur personne, leurs qualités ou leurs travaux. D'abord Paul lui-même le premier : « *Le Docteur Gautier … a pour ton talent une grande estime* » (8), « *Mr. Fourn a prononcé ton nom avec beaucoup d'estime et de sympathie* » (10), ou encore Delafosse (22). Ceci montre combien Aupiais s'intéressait aux personnes, à leurs qualités, compétences et fonctions. Et s'il agréait volontiers les éloges envers sa personne, il pensait qu'eux aussi seraient touchés d'en être informés.

3. Francis Aupiais et Pau Hazoumê

Les relations entre **Aupiais et Hazoumê** méritent un paragraphe spécial car elles dépassent largement celles de supérieur à inférieur, d'employeur à employé ; ils se présentent d'abord plutôt comme associés, attelés à une même entreprise, la gestion de *la Reconnaissance Africaine* ; il semble bien d'ailleurs que Hazoumê ait travaillé bénévolement, nulle part il n'est question de rémunération à ce sujet. En tant qu'associé, déjà dans la lettre 1, Aupiais lui fait savoir qu'il a reçu un _excellent_ article de Félicien d'Oliviera ; puis il lui parle de son entretien avec l'imprimeur da Silva (6), des articles envoyés et à paraitre, des problèmes d'approvisionnement en papier …. (7). Il lui fait part des plaintes (8, 12), de ses activités (13). Il lui demande de ne pas se tourmenter pour des décisions qu'il désapprouverait (19). Il lui conseille aussi de se faire aider (7, 18). Le travail se fait en commun : « *Je me suis permis de revoir ton récit qui est très bien. … Je regrette beaucoup de l'avoir retouché, parce que je crains d'avoir atténué certaines expressions …Nous reverrons cela ensemble et nous nous mettrons bien facilement d'accord* » (2) ; puis : « *Je te renvoie donc aujourd'hui Tata Ajaché corrigée, mais non diminuée …* » (3) ; autre exemple : « *J'aurais voulu savoir ce que tu penses de ta lettre, telle que je te l'ai rendue* » (5). Aupiais lui laisse une bonne marge de liberté : dans la même lettre (29), il lui demande « *Qu'avez-vous décidé pour les articles ?* », et lui donne ce conseil « *d'arrêter là où …* », avant de lui faire part d'articles en préparation. Aussi ne faut-il pas s'étonner que ce bulletin ne soit plus celui d'Aupiais, mais « *notre chère Reconnaissance* » (4).

En fait, plus qu'un associé, Paul est un ami : Aupiais a besoin d'extérioriser ce qu'il fait, ce qu'il vit, ce qu'il ressent dans son engagement et ses relations : Hazoumê lui sert alors de confident avec qui il partage ses soucis et ses joies. Les lettres commencent par : « *Mon cher Paul* », et se terminent le plus souvent par des mots affectueux : « *Crois bien, Mon cher Paul, à mes sentiments les plus dévoués en N.S.* », « *Sentiments dévoués* », « *Sentiments affectueux* » ... On ne peut penser à de simples formules de politesse. De nombreuses fois, il s'alarme du silence de Paul : « *Je n'ai pas assez de tes nouvelles et j'en souffre. Écris-moi* » (22) ; « *Je m'étonne et je me fais un peu de tristesse et d'inquiétude au sujet de ton silence* » (28). Il partage des nouvelles qui les intéressent tous les deux : de la découverte d'un voleur à la mission à Porto-Novo (14), et lui fait suivre *une lettre qui va te faire sourire* (14) ; de la visite de responsables de la SDN (20) ou de la fête de Jeanne d'Arc (21). À son retour en France, ce sont les comptes-rendus de ses visites, expositions, voyages, conférences ... Ensuite à Baudonne, il l'avise en janvier 1933 qu'il a reçu une lettre du père Parisot (59). En mars, il lui parle du décès du Père Chabert et des raisons de son absence aux obsèques : « *pour que ma présence ne suscitât pas de commentaires* » (61). En novembre, il lui annonce le voyage au Dahomey du Père Laqueyrie, provincial de Lyon, et lui donne quelques conseils : « *Dis à nos amis d'être prudents ... Laisse-moi te dire que le père Laqueyrie ne peut rien pour moi* » (64, 65). Surtout en mai 1934, il lui fait part de sa gêne à Baudonne et de ses désillusions (69). En mars 1935, quand le père Parisot est choisi comme vicaire apostolique du Dahomey, aussitôt il l'en informe et vante les mérites du nouvel évêque (78). Puis il lui rend compte de sa visite à Baudonne après son ordination épiscopale : « *Un grand bonheur pour nous deux ce serait de nous revoir bientôt. Ce bonheur ne nous sera pas accordé cette année, malgré le bruit qui court de mon prochain retour au Dahomey. Pourtant Monseigneur Parisot a fait ce qu'il a pu pour m'emmener. Mais ma situation est bien compliquée. Monseigneur Parisot ... t'expliquera tout cela* » (79).

Associé, ami et confident, Paul est aussi un fils, sans doute parce qu'Aupiais l'a connu comme élève de l'école primaire, et a rencontré sa famille. Il s'intéresse à sa santé : quand il est malade en mars 1926, il lui conseille d'aller à Abomey et de se mieux nourrir (17). Il suit sa vie professionnelle : plusieurs fois, Paul a de graves problèmes avec ses supérieurs, en particulier en 1932-1933. Aupiais le soutient en espérant que *tes chefs … reconnaîtront la pureté de tes intentions et ta compétence …*, et surtout il lui demande *de ne pas réclamer le poste de Cotonou comme si cette place t'était due … tu aggraverais ton cas … Écoute les conseils de M. Crespin et M. Desanti (58)*. Cette affaire devait être suffisamment grave pour qu'Aupiais le *supplie* de ne pas le laisser sans nouvelles. En mai 1933, l'affaire n'est pas encore réglée, et Aupiais espère que le gouverneur lui *fera justice (61)*. Mais en juillet, Aupiais le *félicite de distinctions* (62), sans que nous sachions lesquelles. Plus important encore, Il intervient plusieurs fois auprès de Lévy-Bruhl pour le faire nommer à Abomey : « *Cette idée lui plaît beaucoup* » (38, 37, 43). Puis plus tard : « *J'attends la nomination d'un nouveau Gouverneur pour le Dahomey pour parler au Ministère de la désignation d'un Conservateur pour Abomey, et ce serait toi* » (47). La lettre 56, Aupiais la signe « *ton père* ».

Dès son retour en France en novembre 1926, Aupiais fait une affaire personnelle des travaux ethnologiques de Paul (35, cf. 38…). Dans son combat pour la reconnaissance des cultures africaines, il l'encourage à écrire sur sa culture. Pendant une dizaine d'années, il va lui prêcher la patience devant les lenteurs de l'Institut à éditer le *Pacte du Sang*, et en décembre 1934 en le rappelant résolument à l'ordre (74) ; nous en avons déjà parlé. De nombreuses fois (37, 49, 58, 61, 66), il lui parle de l'écriture d'un roman, comme dérivatif à ses soucis. Il lui fait suivre une demande de Labouret : « *Monsieur Labouret me demande un article de toi. Envoie à ce monsieur … un aperçu sur le Dahomey …* » (47). Il lui demande également un travail sur la sorcellerie pour la Semaine missiologique de Louvain d'août

1936. Dans l'autre sens, Aupiais attend les remarques de Paul (30), lui demande son opinion sur son projet de *réunir toutes ces conférences en un seul volume* (48) ; dans cette même lettre, il lui demande aussi : « *Que penses-tu du livre de Madame Gay ?* » ; même chose plus tard, pour le livre 'Deux sœurs Noires' (55).

Comme à ses autres collaborateurs, Aupiais lui fait suivre les éloges qui leur reviennent. Plus personnel, quand en mars 1926, Paul doit se faire soigner et quitter momentanément Cotonou, se pose le problème de son remplacement, Aupiais lui répond en mettant en avant son *dévouement* : « *Nous trouverons une solution, sans que je puisse songer à te remplacer, parce que personne ne pourra avoir ton dévouement* » (17). Il le félicite : « *Je te félicite des distinctions dont tu es l'objet. J'espère bien que tu en recevras de plus grandes encore quand tes livres auront paru* » (62). Ou encore, il le remercie : « *Je te remercie beaucoup de ce que tu as fait pour Monsieur Bouchaud* » (59, cf. 34, 40).

Ils s'aident moralement et spirituellement. Si Aupiais est en exil, cela ne l'empêche pas de remonter le moral à Paul ; celui-ci connaît des difficultés dans sa famille avec son frère Gbenou, et dans l'exercice de sa profession : « *... Malgré la pénible situation où tu te trouves, je n'hésite pas à te dire : Bonne et heureuse année. Espérons en effet que tu obtiendras justice, demandons-le dans nos prières ...* » (58). Ils prient l'un pour l'autre et se le disent : « *Je te remercie de tes prières ... Puissent-elles m'obtenir que je fasse de plus en plus la volonté de Dieu et que je ressemble davantage à notre Divin Modèle, Notre Seigneur. J'ai prié aussi pour toi ...* » (59).

Le début et le contenu de la lettre 63 montrent bien le degré d'intimité entre les deux : « *Durant ces vacances, par nécessité un peu, par plaisir beaucoup, j'ai entrepris de nombreux voyages qui m'ont empêché de me recueillir pour t'écrire longuement et affectueusement, comme j'aime à le faire* » ; suivent des nouvelles de l'édition du Pacte du Sang, de ses deux filles, des journaux du Dahomey qu'il reçoit, de l'arrivée au Dahomey des pères Gautier et Colin, d'une naissance chez son neveu.

Cette intimité avec Paul s'étend à sa famille qu'il connaît depuis de nombreuses années : « ... *je te raconterai notre long entretien entre ta bonne Maman, Gbenou*[113] *et moi* » (1). D'ailleurs cette lettre datée du 27 juillet 1925 ne parle guère de la *R.A.* si ce n'est en note pour un article de F. d'Oliviera ; elle rend compte surtout d'une visite qu'Aupiais a effectuée à Topo pour tenter une réconciliation entre Paul et Gbenou, son frère, brouillés à propos d'une femme qui a mis la zizanie entre eux ; Aupiais écrit à Paul : « *Réfléchis et prie au sujet des différends avec Gbenou. La femme qui a été la cause de votre querelle est bien punie. À la maison, les autres femmes l'insultent et la raillent cruellement* » (30) ; nous n'avons pas davantage de précisions, mais cette affaire devient récurrente dans les lettres. Dans la lettre 2, il dit à Paul au sujet de son frère : « *Gbenou est désolé jusqu'aux larmes. Il est encore venu aujourd'hui. Je ne sais plus que répondre.* » Dans la lettre 31, il rend compte à Paul de la visite de sa mère à Porto-Novo : « *Elle ne se console pas du différend entre Gbenou et toi.* » Toute la famille en souffre et Aupiais tente une réconciliation, sans prendre parti. Plus tard, rentré en France, il demande des nouvelles de tous sans exception : « *Donne-moi des nouvelles de Gbenou et de ses amis de Porto-Novo et de Kouti, de ta chère maman ... et de tes enfants* » (48) ; et il demande régulièrement à Paul de leur transmettre ses salutations : « *Bonjour à Gbenou si tu lui écris, ainsi qu'à ta chère Maman* » (54). Il faut noter ici aussi que leur mère est *ta chère Maman* ou *ta bonne Maman* avec une majuscule. Deux filles de Paul font leur scolarité dans un collège d'Amiens ; il leur écrit, elles lui écrivent (57), et il en rend compte à leur père. Il leur fait même suivre les propos

----

[113] *Gbenu* : chose (*nu*) de l'extérieur (*gbe*), pour signifier que cet enfant est né en dehors de la maison. Ou bien *gbênu* : chose (*nu*) de la vie (*gbê*) : les choses de la vie sont extraordinaires. Parfois orthographié « *Benou* ».

élogieux qu'il entend sur leur père (68). Il voudrait les aider dans leurs études et les conseiller, mais les relations avec la directrice de leur établissement ne semblent pas des plus chaleureuses (63, 69). Il leur rend visite et pense les inviter dans sa famille à St Père en Retz (62). Il pousse sa délicatesse jusqu'à les faire photographier et à envoyer les photos commentées à leur père (74).

Cette intimité n'est pas totalement à sens unique : si Aupiais lui décrit ses nombreuses activités en faveur des Noirs, il lui parle moins de ses ennuis personnels avec ses supérieurs, et de son supériorat à Baudonne. Il lui fait part cependant de sa santé, en particulier d'une congestion pulmonaire qui a failli lui coûter la vie (56). Trois mois après, il le rassure : « *Je suis complètement guéri* » (58). Plusieurs fois, il lui dit qu'il est fatigué ; à Porto-Novo : « *Je suis fatigué et débordé d'occupations* » (22), mais aussi en France pendant l'hiver 1927 à la suite de ses expositions : « *J'ai été fatigué après le surmenage de l'exposition* » (39, 40). Il donne aussi à Paul des nouvelles de sa propre famille de Saint Père en Retz, de l'opération (une appendicite) de son neveu (62), de la naissance d'un enfant chez son neveu, non pas une, mais plusieurs fois (62, 63, 64).

Le point sensible est la situation matrimoniale de Paul. Plusieurs fois Aupiais lui demande de « *régulariser sa situation* », et il aspire au jour heureux où ils pourront communier ensemble. Peut-être même Paul est-il polygame (55), mais il est sûr qu'il a des aventures extraconjugales ; à bord du bateau qui le ramène en France, des passagers 'bien intentionnés' font part à Aupiais des frasques de Paul ; il fait suivre l'information à l'intéressé : « <u>Confidentiel.</u> *À bord au cours du voyage on a voulu me faire croire que la femme protestante et mariée <u>civilement </u>d'un certain Kouthon[114], ... serait enceinte de toi, et que ce tailleur aurait eu 40 jours de prison parce qu'il aurait essayé d'empêcher, brutalement, sa femme d'aller te rejoindre. Je ne puis*

---

[114] Couthon : phonétiquement *Ku-ton*, celui de/*ton*-mort/*ku*

croire tout cela. Renseigne-moi au plus tôt parce que je suis dans une grande inquiétude. Tu as tort, Mon cher Enfant, de ne pas écouter mes conseils et de ne pas donner franchement un coup de barre <u>à droite</u>. On m'a dit aussi que dans le milieu protestant on connaissait bien les infortunes du malheureux Couthon » (33). Deux mois plus tard, Aupiais reçoit une réponse loyale de l'intéressé à qui il confirme malgré tout sa confiance : *« Je t'ai reconnu, Mon cher Paul, dans la phrase qui commence ta lettre du 12 Novembre : « Tout ce qu'on vous a raconté sur l'affaire de Couthon est vrai ». Ta loyauté et ton courage ne peuvent aller sans un autre sentiment : le juste sentiment de ta situation chrétienne et de ta responsabilité professionnelle. C'est pourquoi je te garde ma confiance et mon estime …. J'ai appris cela – incidemment - de Mr. Westphal qui voulait – je crois, me 'piquer' à propos de la Reconnaissance. Je ne pouvais pas ne pas faire allusion dans les lettres que je t'écrivais à une chose aussi grave »* (37). Confiance d'ailleurs réciproque : *« Merci, mon cher Paul, de la confiance que tu me témoignes au sujet de tes travaux. J'en suis très touché »* (58) ; et encore : *« Je te remercie de ta longue et si confiante lettre »* (62).

Le moins que l'on puisse dire, c'est que la situation matrimoniale de Paul et ses frasques desservent la politique d'Aupiais ; alors que Paul doit venir en France, il le lui fait savoir sans détour : *« J'ai une grave parole à te dire. Tu vas donc venir en France… Il n'est pas possible qu'il existe une ombre à la réputation que tu vas acquérir en France, il est absolument impossible que tu ne communies pas …. Il y a un mot qui ne doit pas être prononcé à ton sujet par les journaux, c'est celui de polygame, qui résonne très fâcheusement en France, et qui est pour le public européen incompatible avec les mots civilisé et chrétien. Ton (voyage …) te fournit une excellente occasion de régulariser ta situation. Ce sera une délivrance pour tous ceux, les élèves et les administrateurs qui te suivent, pour tous ceux encore, tes amis comme moi, qui te veulent dignes de toi-même et de ta destinée. Tu n'ignores pas que ton état familial est une arme dont mes ennemis se servent continuellement. Que sera-ce si je te signale en France comme mon disciple préféré* » *(55)*. Nous ignorons si cette mise au point musclée a été efficace, aucune autre lettre par la suite n'en parle. Mais cette situation est une épine dans le pied d'Aupiais. L'instruction scolaire et la conversion au catholicisme n'ont pas toujours amené ceux qui en ont profité à des changements significatifs de vie, telle l'adoption de la monogamie. Trois ans auparavant, Aupiais le lui avait déjà dit : « *Ce qui me gêne dans ma propagande apologétique, c'est l'objection que l'on me fait quand on me parle de certains Noirs européanisés* » (48). Aupiais est pris entre son devoir de pasteur envers un fidèle : rappeler la loi chrétienne, et l'engagement de Paul à ses côtés dans son combat pour l'Afrique ; Aupiais ne renoncera pas à cette amitié confiante.

4. Aupiais, Hazoumê et les problèmes politiques.

Aupiais dans ses lettres à Hazoumê n'aborde pas directement les problèmes politiques, en particulier celui de la colonisation, et on ne trouve pas d'allusion à la puissance occupante, la France. Une seule fois, il y fait peut-être allusion quand il écrit : « *Merci de tes renseignements sur la presse locale. Tu sais de quel côté je suis* » (76). Il entretient des relations au moins courtoises avec le gouverneur Fourn, lequel cependant ne l'autorise pas à recourir aux services de l'imprimerie gouvernementale. Il fait état de tensions entre africains et en prévoit d'autres : « *Mais quelle tristesse pour moi de me rendre compte de l'aigreur et de la violence de ces querelles ! Et Santos et Nicoué sont compatriotes et catholiques. Qu'arrivera-t-il quand ces querelles s'élèveront entre chrétiens et musulmans, Brésiliens et Autochtones, etc. ?* » (61). Concernant Paul, Aupiais le félicite de l'éducation civique qu'il donne à ses élèves : « *Mes félicitations pour l'éducation civique que tu donnes à tes élèves en leur lisant le Monde Colonial* » (43). Ce journal devait être de tendance coloniale, et Aupiais aura de nombreux contacts avec son directeur. Par ailleurs, Aupiais comme Hazoumê ne sont pas pour l'indépendance du Dahomey ; leur combat, à l'un comme à l'autre, porte sur les abus de la colonisation et la réhabilitation des civilisations africaines, mais non sur le principe de cette colonisation, la nouvelle église de Porto-Novo n'est-elle pas érigée en hommage aux soldats européens et africains de la conquête ? Ceci à l'instar de beaucoup de leaders africains qui en 1958 invitèrent leurs concitoyens à voter pour le référendum, tant que la métropole leur reconnaissait le droit à prendre un jour leur indépendance. Hazoumê est pro-français : ainsi dans le dossier des lettres d'Aupiais à Paul se trouve une copie d'une circulaire de ce dernier dont l'objet est de fonder une association regroupant les originaires dahoméens devenus citoyens français. En voici quelques extraits :

« Cher monsieur et concitoyen,

Je viens m'ouvrir à vous d'un projet que je nourris depuis quelques temps.

Les originaires du Dahomey, citoyens français, s'ignorent et ne connaissent pas non plus leur nombre.

J'ai pensé qu'ils pourraient se grouper en ASSOCIATION …

Au siège de l'ASSOCIATION sera tenu un registre des noms des citoyens originaires du Dahomey, du Togo ou de la Nigéria, avec leurs date et lieu de naissance, la date du Décret de leur naturalisation ….

L'ASSOCIATION réunira dans une bibliothèque des documents afin de pouvoir :

A/ renseigner les citoyens sur les démarches qu'ils auront à entreprendre, pour eux et leur famille, auprès de l'offier de l'État-civil …

B/ aider les compatriotes de statut indigène désirant solliciter leur accession à la qualité de citoyen français, à constituer leur dossier …

Si mon projet reçoit l'approbation de tous les compatriotes qui sont mes aînés dans la grande famille française – mon décret de naturalisation est du 9 août 1919 – je leur soumettrais les statuts détaillés de l'ASSOCIATION... »

Ce texte est clair : Paul Hazoumê vit comme une promotion son passage du statut indigène à celui de citoyen français, et son ASSOCIATION veut aider ceux qui le désirent à effectuer les démarches pour y parvenir.

5. La sensibilité d'Aupiais

Aupiais apparaît comme une personne très sensible. À la nomination du père Colin, son compatriote de St Père-en Retz, il écrit à Paul : « *J'ai été bien ému, hélas jusqu'aux larmes... Pourquoi suis-je retenu si longtemps en France ? Fiat ! » (66).*

Cette sensibilité se retrouve dans ses fréquentes manifestations d'impatience quand le courrier n'arrive pas : « *J'ai hâte de recevoir de tes nouvelles et je suis un peu déçu de n'avoir pas eu un mot de toi au dernier courrier arrivé cette semaine* » (68). Six mois plus tard, c'est le même refrain : « *Je suis bien inquiet au sujet de ton silence. J'espère cependant recevoir bientôt un mot de toi* » (73). De nombreuses fois, il s'alarme du silence de Paul : « Je n'ai pas assez de tes nouvelles et j'en souffre. Écris-moi » (22) ; « *Je m'étonne et je me fais un peu de tristesse et d'inquiétude au sujet de ton silence* » (28). Entre temps, il a reçu un courrier qui lui a fait plaisir : « *J'ai reçu ... ta longue et bonne lettre du 28 Avril* » (69). On y sent le besoin de recevoir ce courrier qui maintient un lien, dont il aurait peur qu'il se rompe.

Son attention aux personnes en est un autre signe : dans les lettres adressées à partir de la France, il nomme ses amis et ses connaissances, qu'il demande à Paul de saluer de sa part ; quand Théodora Campos rentre au Dahomey, il écrit à Paul une lettre spéciale (67) pour remettre les choses à leur place. Dans l'épreuve de l'exil, la fidélité de ses amis de Paris le touche : « *Ces derniers temps, j'ai revu quelques-uns de mes grands amis de Paris, tous me restent fidèles et j'en suis très touché* » (63). Cette sensibilité se porte aussi sur les filles de Paul qui séjournent en France, il leur porte une « *paternelle affection* » (63), et a la délicatesse de les faire photographier et de lui envoyer leurs photos, et veut les inviter dans sa famille à Saint Père en Retz (62).

Aupiais cherche à obtenir les sentiments des Européens sur ses travaux et n'est pas insensible aux éloges qu'il reçoit pour lui ou ses collaborateurs ; ainsi, entre autres, celles venant du docteur Lacommère : « *De telles paroles m'ont rendu bien heureux, comme tu le penses* » (68). C'est sans doute sa forte sensibilité qui le pousse à transformer Paul en agent de renseignements : s'il est sûr de lui et de sa mission, il a besoin de savoir ce qu'au Dahomey on pense de lui et de son travail, alors qu'il est rentré en France : « *Dis-moi ce que l'on pense au Dahomey de l'Exposition ... Je voudrais bien que tu saches ce que disent les Messieurs de l'Administration et les Pères des derniers avènements, en particulier Monseigneur et Monsieur le Gouverneur* » (40). Il y revient un mois plus tard : « *J'attends avec impatience la prochaine lettre où tu me parleras de l'impression qu'a produite au Dahomey le succès en France de l'Exposition ...* » (41). « *Tiens-moi au courant de ce que Monseigneur entreprend et désire entreprendre pour le Bulletin. Dis-moi tout* » (44). Au moment où la *R.A.* est menacée de disparition, il lui demande : « *Tiens-moi au courant de ce que tu entends dire à ce sujet parmi mes confrères* » (48). Après avoir fait suivre au Dahomey la lettre reçue du C[al] Gasparri qui rendait compte de l'audience du Saint Père : « *J'espère que cette lettre va émouvoir et convaincre mes confrères au Dahomey. Tu me communiqueras tes impressions à ce sujet* » (50). Quand le père Laqueyrie, provincial, passe au Dahomey, il lui demande : « *Tiens-moi au courant de ce qui s'est passé à Porto-Novo, lors du passage du R.P. Provincial* » (69). Aupiais semble faire davantage confiance à Paul qu'à ses confrères ; dans son 'combat' il devait tenir compte de la méfiance de certains d'entre eux.

Conclusion

Un mot caractérise le père Aupiais : celui de PASSIONNÉ ; il est certes passionné pour l'annonce de l'Évangile, mais avec en point de mire le DAHOMÉEN qui aspire à une reconnaissance humaine, et en même temps à une ouverture religieuse et culturelle. Son grand mérite, c'est d'avoir compris cette aspiration, d'y avoir remédié de diverses manières, mieux encore d'y avoir associé des Africains, tel Paul Hazoumê, à qui il a demandé de collaborer à cette « *reconnaissance* » par ses propres écrits sur sa culture. Un élan a été donné ; d'autres dahoméens ou africains suivront. Cette passion pour le respect et la reconnaissance des cultures africaines allaient en grande partie à contre-courant d'une certaine pensée officielle de l'époque, Aupiais l'a payé cher : il a dû souffrir une autre passion, l'*exil,* mais sans se laisser abattre.

Aupiais est aussi VISIONNAIRE et PROPHÈTE. Nous mentionnons rapidement ses expositions d'œuvres d'art qui avec d'autres vont influencer nombre d'artistes européens de son époque. Il rend justice des capacités littéraires des Africains, avant que ils ne se fassent justice eux-mêmes en s'imposant comme René Maran qui obtient dès 1921 le prix Goncourt pour son roman *Batouala, 'premier roman nègre écrit par un nègre'* ; d'autres suivront. Comme missionnaire, il participe activement à la formation des futurs prêtres dahoméens, tels les abbés Mouléro et Kiti, ordonnés en 1928 et 1929. À cette époque en 1926, Rome vient de consacrer les six premiers évêques chinois et de publier l'encyclique *Rerum ecclesiae,* manifestant sa volonté que chaque nation nouvellement évangélisée puisse se gouverner par elle-même.

Certes, la présence missionnaire en Chine remonte au 16ème siècle, celle au Dahomey date seulement de 1861. Dans ce dernier pays, le tournant sera pris à la fin de la guerre en 1945 ; nous l'avons dit pour les premiers collèges catholiques, ouverts en 1945 et 1948. Le premier évêque, Monseigneur Bernardin Gantin, sera ordonné en 1957 à Rome, et deviendra archevêque de Cotonou en 1960. D'Aupiais, nous retenons aussi le projet de formation des séminaristes à l'ethnographie ; nous le retrouvons dans le décret sur l'*Activité Missionnaire de l'Église* du Concile Vatican II, qui demande que les futurs missionnaires étudient les cultures qu'ils sont appelés à rencontrer : « *Qu'ils aient une connaissance générale des peuples, des cultures, des religions, tournée non seulement vers le passé, mais aussi vers le présent. Quiconque en effet doit aborder un autre peuple doit faire grand cas de son patrimoine, de ses langues, de ses mœurs.* »[115]

Qu'en est-il maintenant en 2018 ? Depuis soixante ans, l'histoire de l'humanité s'est accélérée, en premier lieu, celle de la rencontre des peuples ; on parle facilement de mondialisation ou d'inter-culturalité, mais cela ne gomme pas les identités et les particularités, souvent hautement et parfois violemment revendiquées. Comme au temps de Francis Aupiais, l'appel à davantage de respect envers toute culture et toute personne, en commençant par leur connaissance, reste ainsi toujours d'actualité.

---

[115] *Action Missionnaire de l'Église* (n° 6), Concile Vatican II, décret publié en 1965.

Table thématique et analytique

Lieux

Thèmes

TABLE DES MATIÈRES